インプット・
アウトプットが
10倍になる

読書の方程式

羽田康祐 k_bird

フォレスト出版

まえがき　1冊のビジネス書を何倍にも役立てる読書術

ビジネス書を読む目的＝「視点」と「法則」を増やしていくこと

本書を手に取っているあなたにお尋ねします。あなたにとって「ビジネス書を読む目的」とは何でしょうか？

次のような目的を挙げるかもしれません。

- ビジネスにおける教養を身につけること。
- 最新情報や知識を手に入れること。
- 著者のノウハウや方法論を吸収すること。

たしかに、ビジネス書は著者の見識や人生訓を学ぶことで、教養が身につくことは間違いありません。

また、AIやIoT、あるいはDXなど、ビジネスに関する最新の知識を手に入れる際にも、ビジネス書は役に立つでしょう。

さらにビジネス書の多くは、著者のこれまでの経験に基づいたノウハウが体系化されており、ビジネスの成功確率を上げる、あるいは失敗確率を下げるうえで力になってくれる、心強い存在でもあります。

以上のように、ビジネス書にはさまざまな目的、活かし方があり、正解も不正解もないのでしょう。

そこで本書は、少し毛色の違う「ビジネス書を読む目的」を提案しようと思います。その目的とは、次の通りです。

ビジネス書を読む目的＝自分の中に「視点」と「法則」を増やしていくこと

いきなり「視点」とか「法則」とかいわれて、少し驚かれたかもしれません。

しかし「視点」や「法則」は、多くのビジネスパーソンにとって非常に重要な考え方だと断言できます。

なぜなら「視点」と「法則」には、次のような方程式が成り立つからです。

何を考えるべきか？（視点）×どう考えるべきか？（法則）＝あなたなりの結論

人は視点を通してでしか、物事を考えることができません。

つまり、人は何らかの「視点」を置かないかぎり、「何を考えるべきか？」を明確にできず、物事を考えるスタートラインにすら立てないのです。

一方で、たとえ「視点」を持てたとしても、その視点に沿った形で「どう考えればいいか」がわからなければ、考えが行き詰まってしまい、やはり結論にたどり着くことはできません。

しかし、「このようなときは→こうなりやすい」「こういうときは→こうしたほうがいい」などの「法則」を数多く知っていれば、考えに行き詰まったときに、大きな助けとなるはずです。

視点を1つ、そして法則を1つしか持たないとしたら、答えや仮説は1つしか生まれません。それでは、激しく変化するビジネスシーンのなかで、未来を予測しながら臨機応変に対応することはできません。

そこで本書では、ビジネス書から著者の視点を探すことを「視点読書」、法則を探すことを「法則読書」として、その両方を自身の中にストックする方法を解説します。

この段階では、まだピンときていないかもしれませんが、この2つの読書術については第三章、第四章で詳しく解説します。

しかし、あなたは次のような疑問を抱いたのではないでしょうか？

✝ビジネス書は、どのように「視点」や「法則」のストックに役立つのか？

多くのビジネス書は、著者がこれまで経験してきた職業人生が存分に注ぎ込まれています。そこには必ず、著者ならではモノの見方（＝視点）やノウハウ（＝法則）があります。

> ビジネス書は、どのように「視点」や「法則」のストックに役立つのか？

ビジネスパーソンであるならば、職場で出会う人たちは固定化されているのではないでしょうか。

「同じ業界の」「同じ企業の」「同じ職場」で、毎日「同じ同僚」に会っていると、どうしても人間関係の多様性を失い、「視点」は固定化しがちです。得られる法則も限りあるものになってしまうでしょう。

さらに近年では、リモートワークが浸透しているので、なおさら「自分とは違う視点をもたらしてくれる人」や、「自分にはない法則を持っている人」に直接会って、学びを得る頻度は減っているはずです。

しかし、ビジネス書であれば、自分にはなかった「新しい視点」や「法則」を能動的に得ることができます。著者が何年、何十年もかけてストックしてきた「視点」や「法則」が、たかだか1500円程度で手に入るなら、これほどコスパのいい投資はありません。

ビジネス書の読み方を工夫することで、著者の「視点」や「法則」をトレースし、著者のビジネス経験を生き、著者の職業人生を自分のものにすることができるのです。

✝自分と組織の力に変える「10倍読書」のススメ

世の中には、さまざまな「読書術の本」であふれています。忙しいビジネスパーソンにとって、特に人気が高いのは「速読」や「多読」でしょう。

「速読」の中には、「写真を撮るように本の情報を脳に送り込む速読術」や、「眼球の動きを鍛えることで、一定の時間内で多くの文字を読む速読術」などが知られています。

しかし、筆者はこれらの速読術には懐疑的です。なぜなら、ビジネス書の内容が理解できる読み方ではないと考えるからです。

たとえば、筆者が専門とするマーケティングの分野に「ブランドエクイティ（＝将来、利益を生み出す資産として、ブランドを管理すること）」という言葉があります。

もし、「ブランドエクイティ」という言葉の意味を知らなければ、写真のように文字情報を脳に送り込んだとしても、眼球を素早く動かして読んだとしても、「ブランドエクイティ」という言葉の意味」をわかっていないのですから、ビジネス書の中身も理解できていないはずです。これでは、正しい意味で「読んだ」とはいえません。

そして、「多読」をすすめる本では、次のように書かれているものが多い印象です。、

- ビジネス書の中で重要なのは2割に過ぎない。その2割だけ拾い読みすればいい。
- 2割を拾い読みすれば、1冊は30分程度で読み終えることができる。
- そうすれば、多読ができるようになる。

しかし、こうした本の著者は、ほぼ例外なく月に30冊以上はビジネス書を読んでいる「読書猛者」たちです。

一方で、筆者を含めビジネス書の読者の大半は、普通のビジネスパーソンのはずです。より直球で言ってしまえば、月に30冊も読めるほどの書籍代なんて、簡単には用意できないのが実情です。

そこで、本書が一貫して重視するのは「読書時間当たりの学びの量」です。

ビジネス書を読むうえで重要なのは、「速く読めた」「たくさん読めた」などの「手段」ではありません。これはサッカーにたとえれば、「速く走れた」「たくさん蹴れた」と言っているようなもので、これらは手段ではあっても目的ではありません。あくまでサッカーの目的は「限られた時間内で、より多くの得点を重ねること」です。

本書もそれにならい、「限られた読書時間の中で、どれだけ学びの量を最大化できるか?」を重視します。

したがって、極端な話をすれば、1時間当たり1ページしか読めなかったとしても、そこから得られる学びの量が10倍なら、それでOKなのです。

「ビジネス書を読むうえでの生産性の高さ」とは、「どれだけたくさんのビジネス書を読めたか?」で決まるのではなく、「読書時間内に得られた学びの量が、どれだけ多かったか」で決まります。

この考え方から、本書で解説する読書術を「10倍読書」と呼ぶことにします。

✝本書の構成

本書の構成についてお伝えしましょう。

第一章では、インターネット記事が氾濫《はんらん》しているこの時代に「なぜ、あえてビジネス書を読む必要があるのか?」をお伝えします。

「ビジネス書を読むことのメリットがよくわからない」と感じている読者もいることでしょう。しかし、ビジネス書を読む意味が理解できるようになり、読書のモチベーションが高まるはずです。

あるいは、部下からの「なぜビジネス書を読まないといけないんですか？」という質問に対して、「ビジネス書を読むからこそ得られる深い学び」の正体を言語化し、そのメリットを明確に説明できるようになるでしょう。

第二章では、「視点読書」や「法則読書」をするうえで、極めて重要な4つの原則をお伝えします。

先述のように、本書は少し毛色の違う「ビジネス書の読み方」を提案しています。よって「視点読書」や「法則読書」の具体的な読み方を理解する前に、その上位概念である「10倍読書の四大原則」を理解してもらうことで、それぞれの読み方の意味が明確になるでしょう。

第三章では、次の方程式の前半部分である「視点読書」の具体的な方法をお伝えします。

何を考えるべきか？（視点）×どう考えるべきか？（法則）＝あなたなりの結論

単にビジネス書の内容を暗記するのではなく、ビジネス書の中に書かれている「視点」を発見し、さらに「視点」を抽象化することによって、アウトプット先を何倍にも広げることができるようになるでしょう。

第四章では、方程式の後半部分である「法則読書」の具体的な方法をお伝えします。「ああなれば↓こうなりやすい」という「法則」を発見するスキルです。「法則」を数多くストックしていれば、目の前で起きている現象に「法則」を当てはめることで、「的を射た」仮説を瞬時に導き出すことができるようになります。個別の事象に対して法則性を見つけることで、実際に経験していないことも予測できるようになるのです。

第五章では、「10倍読書」で学び取った「視点」や「法則」をアウトプットする方法についてお伝えします。

学びをアウトプットしやすくするためには、大きく分けて2つの要素が必要になります。

- 得た学びの「役立つ度合い」の高さ。
- 得た学びの「応用範囲」の広さ。

この2つを意識しながら、どう「10倍読書」を自分の力に変え、組織の力に変え、ひいては社会の力に変えていくか、についてお伝えします。

最後の第六章では、優れたビジネス書を選ぶ方法についてお伝えします。

ビジネス書に限らず、多くの書籍は「お金を払った後でしか内容やレベルがわからない」典型的な「経験財」です。したがって、よほど注意深く選ばないかぎり、多かれ少なかれ「思っていた内容と違った」「自分が求めているレベルと違った」などの「ミスマッチ」が起きてしまうでしょう。

第六章を読めば、このようなミスマッチを大きく減らすことができるようになるはずです。

おそらく、本書の内容は、類書にあたるさまざまな読書術の本とは、その主張も、得られるスキルも大きく異なっているはずです。だからこそ、価値あるものであることを願っています。

ぜひ、本書の中からこれまで意識してこなかった、あなたなりの「視点」や「法則」を見つけ、自身のビジネスに役立てていただければ幸いです。

もくじ　インプット・アウトプットが10倍になる　読書の方程式

第二章

10倍読書の四大原則

第三章 視点を増やす「視点読書」

第五章

装丁　山之口正和（OKIKATA）
図版作成　富永三紗子
本文デザイン・DTP　フォレスト出版編集部

本書におけるビジネス書の読み方①

「読書の方程式」の概要

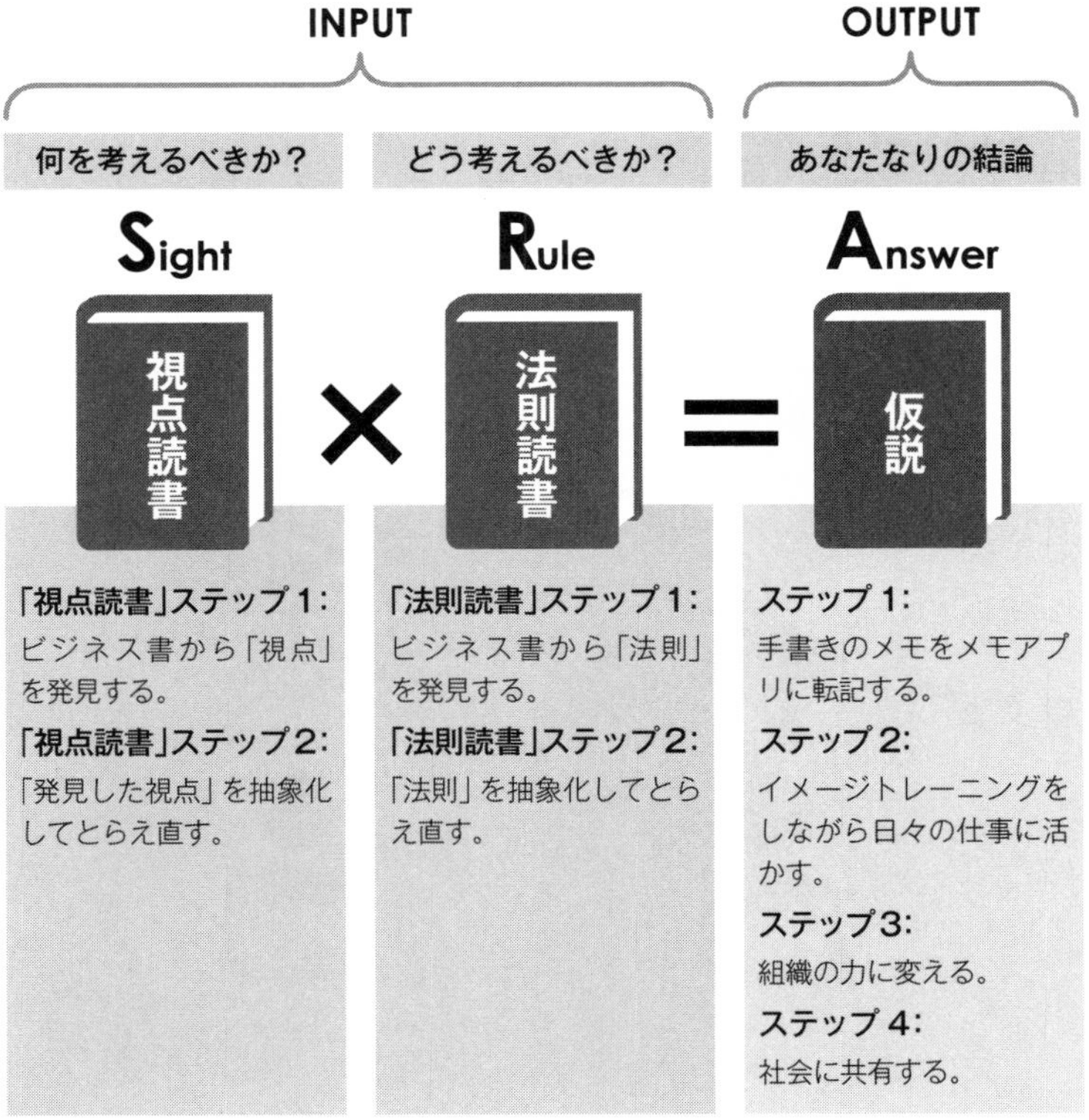

本書におけるビジネス書の読み方②

読書量より学びの量

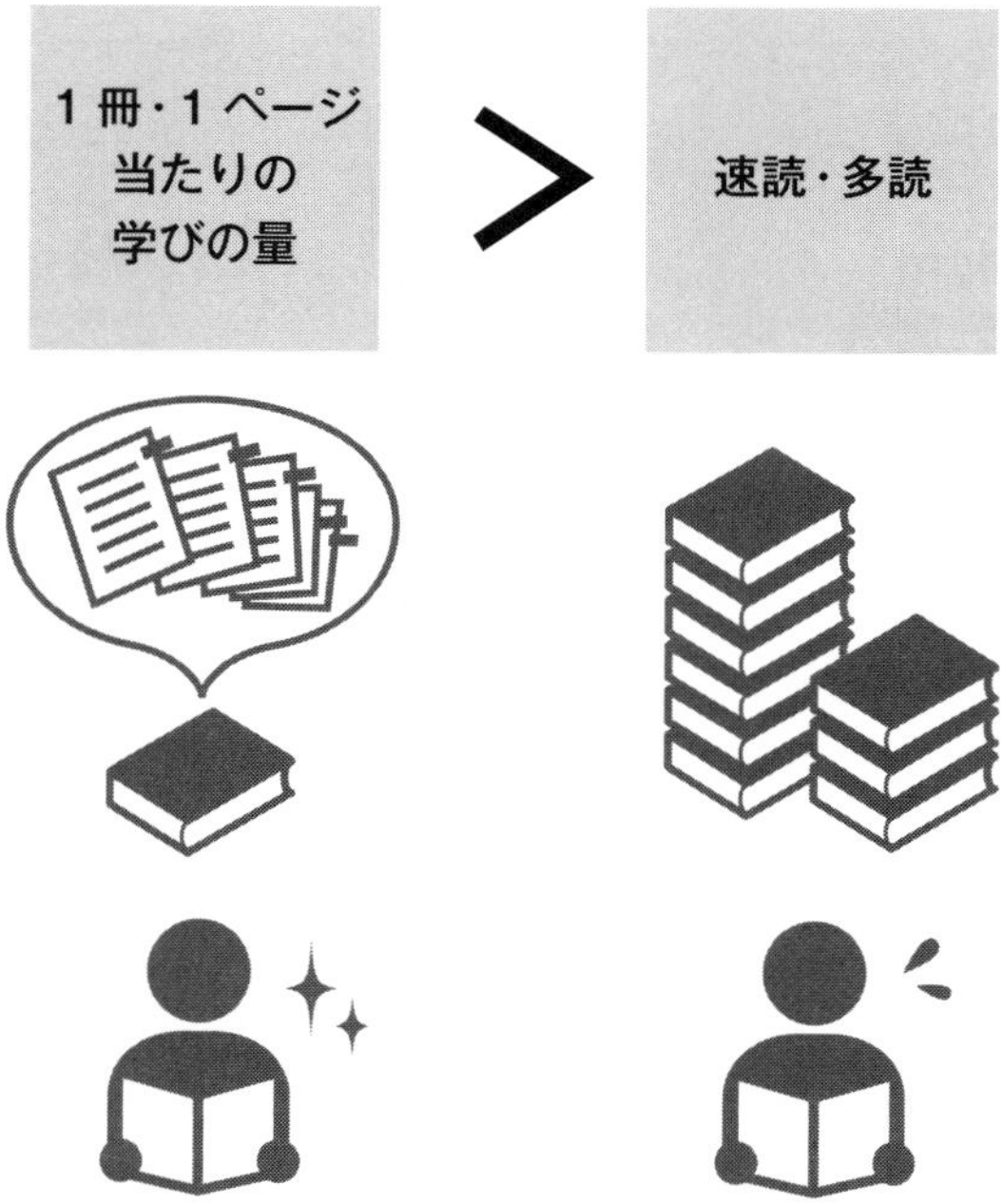

第一章

ビジネス書は、成長を加速させるエンジン

なぜ、ビジネス書を読まなければいけないのか？

「今はスマホがある時代なんだから、検索すればあらゆる情報が手に入る」

「ネット記事はあふれるほどあるんだから、今さらビジネス書なんて読む気になれない」

最近ではそんな声をよく耳にします。

あなたが管理職の方だとしたら、若い部下から、

「なぜ、ビジネス書を読まないといけないんですか？」

「なぜ、ネット記事から拾った知識ではダメなんですか？」

と聞かれたとき、どのように答えるでしょうか？　「うまく答えられないな」と感じるなら、本章を読み進めてください。

今やスマートフォンがいつでもどこでも手元にある時代です。グーグルにキーワードを打ち込めば、さくっと役立つ情報を引き出すことができるでしょう。

試しに、ビジネススクールで必須とされるビジネス分野のキーワードをグーグルで検索してみると、次のような検索結果件数になりました。

- 経営戦略：約104,000,000件

・財務会計：約25,900,000件
・管理会計：約85,900,000件
・ファイナンス：約47,100,000件
・人的資源管理：約171,000,000件
・組織行動：約187,000,000件
・マーケティング：約191,000,000件

この件数を見てしまうと、たしかに「役立つ情報を得るにはインターネットで十分」と考えてしまうのも無理はないでしょう。

一方で「読書は大事」と考える人たちは、一様に「読書だからこそ得られる深い学びがある」という主旨のことをいいます。

しかし、ガラケーではなく最初からスマートフォンを手にしたような「スマホネイティブ世代」からすれば、「読書だからこそ得られる深い学び」と言われても曖昧《あいまい》すぎて、いまいちピンとこないのも無理はありません。

では、インターネット記事では決して得られない、「読書だからこそ得られる深い学び」の正体とは何でしょうか？

筆者は次の5つだと考えています。

- 「体系化された知識」が身につく
- 「解釈力」が身につく
- 「思考力」が身につく
- 「応用力」が身につく
- 「将来に向けた投資」になる

この5つの学びは、自身の成長を加速させていくうえで、極めて重要な学びばかりです。

その理由を1つずつ説明していきましょう。

ビジネス書を読むと「体系化された知識」が身につく

ネット記事の情報は消費で終わる

インターネットの記事とビジネス書の大きな違いは、「知識が体系的にまとまっているか、まとまっていないか」です。

最近では多くのネット記事が、3分程度のスキマ時間にスマートフォンで読めるように工夫されています。文字数にして、2000字から5000字といったところでしょうか。

これは、そうしないとグーグルの検索結果の上位に表示されないからです。検索結果の上位に表示されなければ、検索を通して訪問者が訪れることはありません。そうなれば、その記事はページビュー数を稼げなくなってしまいます。

さらに、ページビュー数を稼げなければ、そのページに貼ってあるインターネット広告が見られることはないので、サイト運営者は広告収入が得られません。また、そのページで紹介された商品も売れることはないでしょう。

このようなつくり手側の事情から、インターネット記事の多くはグーグルの検索結果の上位に表示させるために、「情報を端的にまとめたもの」になりがちです。

事実、筆者は過去に、ビジネス系のネットメディアに寄稿したことがありますが、5000字の記事を入稿したところ、「文字数が多い」と指摘され、半分以下の2000字に縮められてしまいました……。これは「ネット記事を読む側」からすれば、得られる知識が浅くて断片的なものになってしまうことを意味します。

さらに、記事への向き合い方も「スキマ時間に」「3分記事を」「手元のスマホでさくっと」などとカジュアルになっていくので、知識を「吟味」し、「視点や法則を発見し」、「自分の未来に役立てる」という姿勢を失っていきます。

いわば、その場限りの「消費」で終わってしまうのです。

体系的に理解するとは？

一方で、ビジネス書は1つのテーマについて網羅され、深掘りされ、体系的に理解できるようにまとめられています。

では、「体系的な理解」ができるようになると、どんなメリットがあるのでしょうか？

「体系的に理解する」とは「断片的な知識同士を関係づけて理解する」ことです。これを分解して整理すると、次の2つで成り立っていることがわかります。

- 知識
- 知識同士をつなぐ関係

つまり、物事を体系的に理解するには「知識だけの理解」では不足していて、「知識同士の関係の理解」が重要なのです。

たとえば、ビジネスの世界に「3C」というフレームワーク(=考える枠組み)があります。

3Cとは、「ビジネスの成功のカギ」を考える際には、

Customer:市場
Competitor:競合
Company:自社

という「3つの視点に分けて考えていきましょう」というフレームワークです。

しかし、ネット記事だけに頼り、体系的に理解しようとする習慣がない人は、「3つのC」

を個別のものとして理解し、断片的にとらえてしまいます。
そのため、「市場の情報を集め」「競合の情報を集め」「自社の情報を集め」……だから何？という状態に陥ってしまうのです。つまり、どこまでいっても「断片的な情報の整理」から抜け出せないのです。
一方で、ビジネス書を通して「知識を体系化する習慣」を身につけている人は、個々の要素の理解だけでは足りないと考え、「3つのCをつなぐ関係性」にも着目します（図1）。
たとえば、次のような要領です。

Customer（＝市場）とCompany（＝自社）の関係性：自社は、どの市場に狙いを定めているのか？

Customer（＝市場）とCompetitor（＝競合）の関係性：競合企業は、どの市場に狙いを定めているのか？

Company（＝自社）とCompetitor（＝競合）の関係性：競合企業に対する自社の優位性は何か？

Customer（＝市場）とCompany（＝自社）とCompetitor（＝競合）の関係性：自社は、どの市場に対して、どのような優位性を軸に戦っていけばいいのか？

図1　フレームワークを体系的に理解する

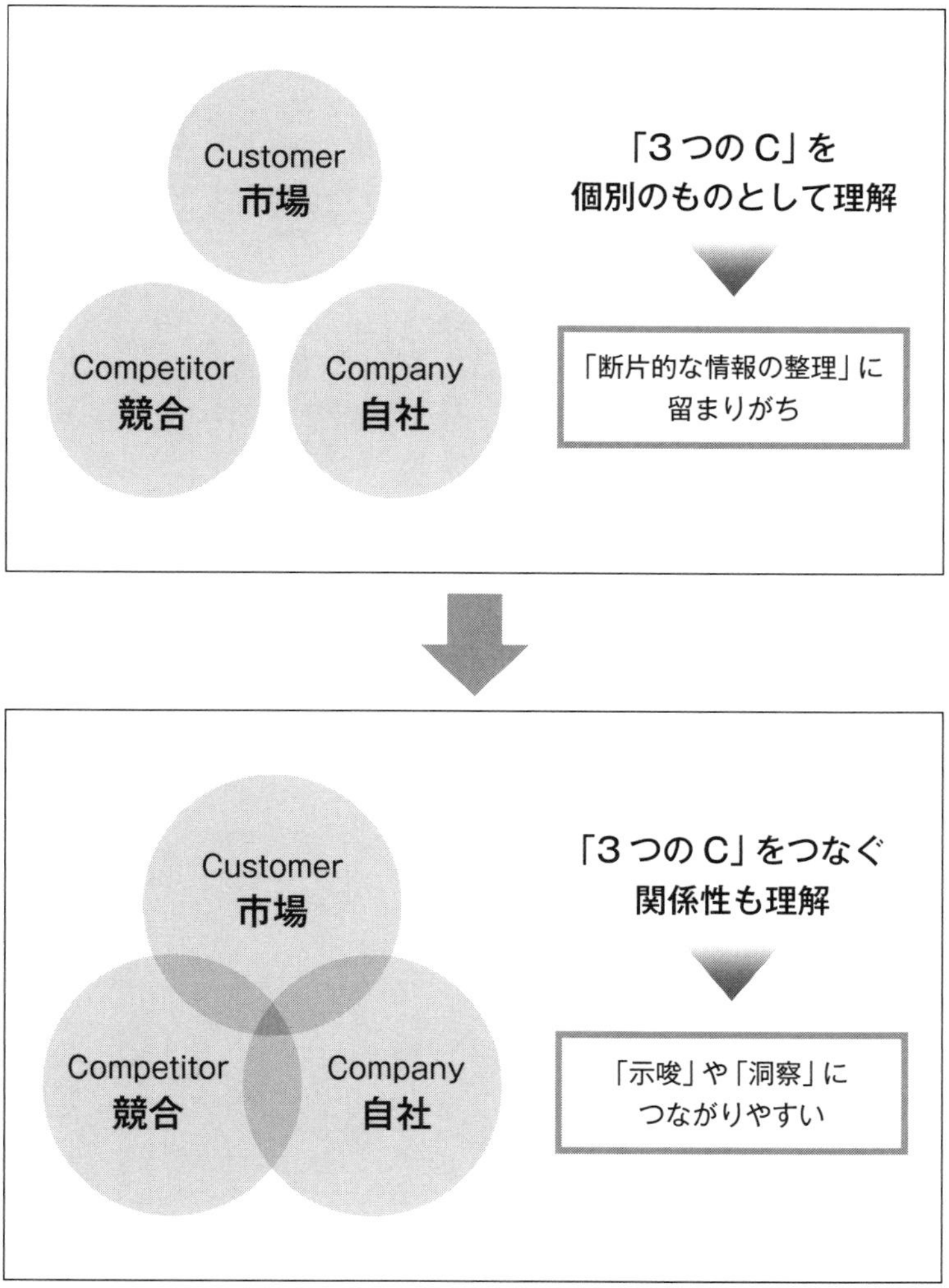

ビジネスの世界には、3C以外にもさまざまなフレームワークが存在します。
しかし、「いろいろなフレームワークは知っているけど、なぜか使いこなせない」という状況に陥ってしまうのは、フレームワークの各要素を断片的にしかとらえることができず、「体系的に理解できていない」ことが原因なのです。

知識の理解から関係の理解へ

知識は、断片的な理解のままでは「暗記」と同じで、使いこなせるようにはなりません。重要なのは、「知識の理解」だけでなく、知識と知識の間にある「関係の理解」です。「関係の理解」があってはじめて、「体系的に理解できた」という状態になり、暗記を越えて運用できる状態になっていくのです。

多くのビジネス書は、平均して8万字から12万字のボリュームがあるといわれます。これだけのボリュームがあれば、その内容は断片的になりようがなく、ほとんどのビジネス書は体系的にまとめられています。

「知識」だけでなく、「知識の運用能力」も身につけたいのなら、「体系化された知識」が身につくビジネス書は、あなたの成長を加速させるエンジンになるはずです。

ビジネス書を読むと「解釈力」が身につく

情報氾濫時代の2つの副作用

続いては「解釈力」についての話をしましょう。

ＩＴが発達した現在では、さまざまな知識や情報が洪水のように氾濫しています。「知識や情報を得る」という視点からは便利になった反面、筆者は2つの副作用が現れつつあると感じています。

1つ目の副作用は、知識や情報自体の差別化が難しくなってしまったことです。今や多くの知識や情報が、「誰でも」「いつでも」「どこでも」手に入る状態です。その結果、単に「知識や情報を持っている」こと自体に価値を見いだすことが難しくなっています。

2つ目の副作用は、「知識や情報が流れるスピードの速さ」があなたを圧倒するがあまり、一つひとつの「解釈」が難しくなっている点です。

ニュースアプリや記事収集アプリ、記事保存アプリなどを使って、数多くの知識や情報を収集している読者は多いでしょう。

しかし、知識や情報のスピードが加速度的に増していくと、人は「知識や情報に追いすがる」だけで精いっぱいとなり、「丁寧に解釈する」ことに気が回らなくなります。実感している人は多いのではないでしょうか。

ただし、そんな時代だからこそ、知識や情報を適切に解釈し、自分オリジナルの「知恵」に変えることができれば、成長は加速します。その「解釈力」を身につけることができるのがビジネス書なのです。

「解釈力」とは何か？

それでは「解釈力」とは、いったい何でしょうか？ 「解釈力」を身につけると、どのようなメリットがあるのでしょうか？

まずは「解釈力の正体」についてお伝えしていきましょう。

今、あなたの目の前にTシャツがあったとします。これは、あなたから見れば「目の前にTシャツがある」という情報です。

もし、そのTシャツがメーカーの工場に置いてあったら、あなたはそのTシャツをどのように解釈するでしょうか？　きっと「工場で製造されたもの」と解釈し、「製品」という意味合いで理解するでしょう。

ではTシャツが、アパレルメーカーの倉庫にあったとしたらどうでしょう？　そのTシャツは「まだ売れていないもの」と解釈され、「在庫」という意味合いに変わるはずです。

もし、Tシャツがお店に並んでいれば、そのTシャツは「商品」、あなたが着ていれば「ファッション」、洗濯機の中にあれば「洗濯物」、ゴシゴシと廊下を拭《ふ》けば「ぞうきん」という意味合いになります。ゴミ捨て場に捨ててあれば、「燃えるゴミ」という意味合いになるでしょう。

「何を当たり前のことを」と思われるかもしれませんが、重要なのは「Tシャツ自体は、何も変わっていない」ということです。

Tシャツ自体は何も変わっていないのに、その時々で意味合いが変わる。これはいったいなぜでしょうか？

それは、Tシャツが置かれている「背景」が変わったからです。

つまり、情報や知識は、照らし合わせる「背景」次第で、解釈、意味合いが変わることがあるのです。

別の例でも説明しましょう。

「自社商品の売上が、前年比5%上がった」という情報があったとします。この情報は、喜

図2　情報は「背景」によって意味が変わる

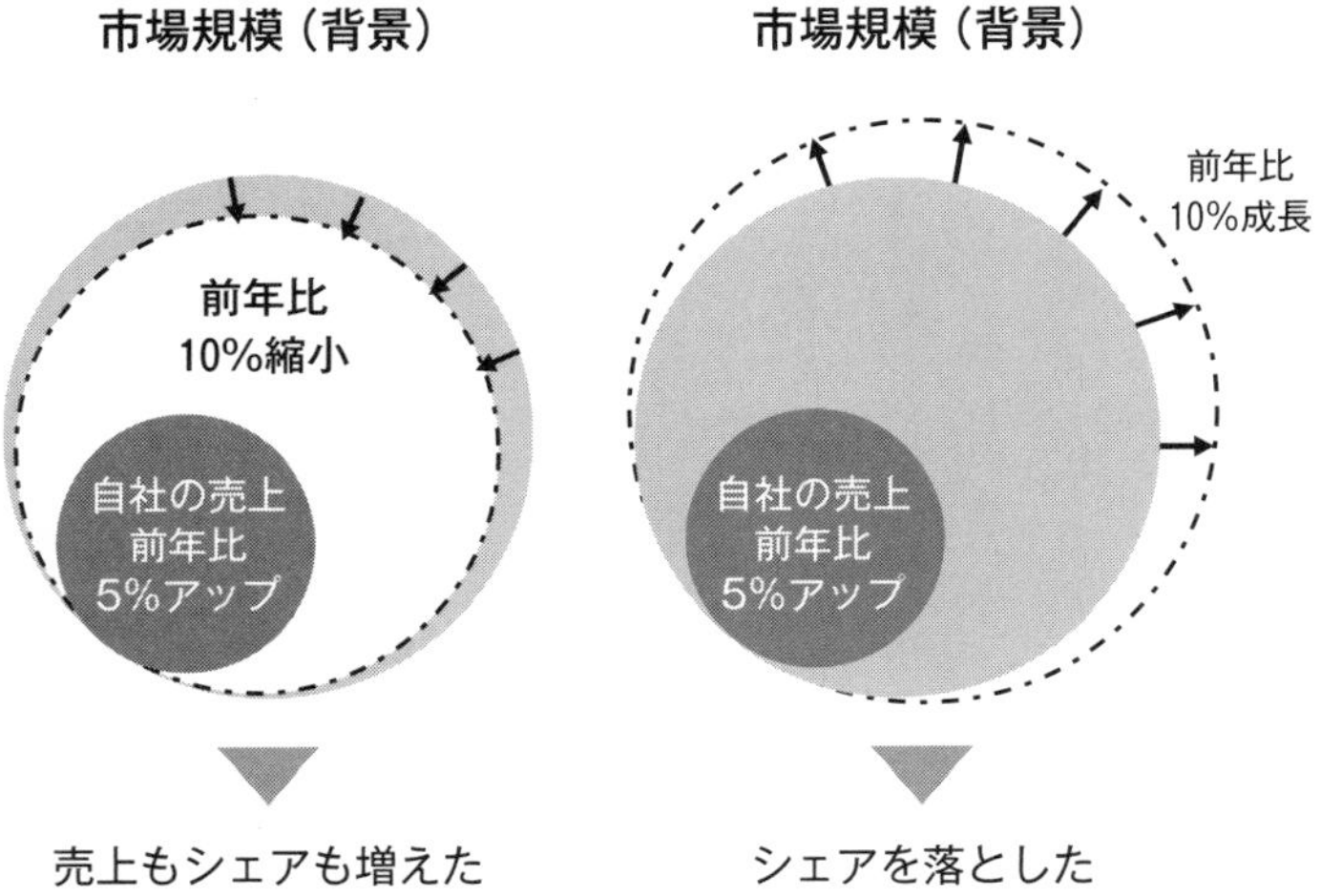

ぶべきことでしょうか？　悲しむべきことでしょうか？

実はこの情報だけでは、判断できません。なぜなら、「売上が、前年比5％上がった」という情報だけでは、「照らし合わせる背景」がないために、その意味合いを適切に解釈しようがないからです。

もし、その商品の市場規模が10％成長していたら、「売上が前年比5％上がった」という情報は「シェアを落とした」という意味合いになりますから、悲しむべきことでしょう。

逆に、その商品の市場規模が10％縮小していたら、「売上もシェアも増えた」という意味合いになりますから、喜ぶべきことになります（図2）。

このように、どのような情報も、その

情報を取り巻く「背景」と照らし合わせることで、はじめて正しく解釈ができ、意味合いを抽出することができます。

だとすれば、「解釈力」に必要なのは、「情報や知識を得る力」以上に、「照らし合わせるべき背景を見抜く力」といえるでしょう。

「知識」は「背景」を知ってこそ生きる

「解釈力」は、ビジネスにおいて極めて重要です。

時々、若いビジネスパーソンで、インターネットで見聞きしたビジネス理論を、そのまま強引に当てはめようとして、ひんしゅくを買ってしまう人が見受けられます。

「ビジネス理論」という「知識」のみに目を向けて、「照らし合わせるべきビジネス現場」という背景がマッチせずに、解釈や意味合いに齟齬《そご》が出て、「どうしたの？　突然」「論点がずれてない？」という状態に陥ってしまうのです。

ビジネスの現場に、同じ状況は存在しません。その時々の「背景」に対する理解を伴わないまま「知識」だけを突き付けても、現場に応用できる解釈や意味合いを生み出すことはできません。

先ほどのTシャツの例でいえば、お店に並んでいるのに、その背景を理解せずに「燃えるゴミ」と言ってしまっているようなものです。

解釈力について、ここまでの話を整理すると、次のような方程式が浮かび上がってきます。

知識×照らし合わせる背景を見抜く力＝解釈力

前述したとおり、ネット記事は、端的に知識のみが紹介されているため、読み解く際に「照らし合わせる背景を見抜く力」が求められません。したがって、「解釈力」を身につける機会が少ないのです。

一方で、ビジネス書には「背景」が満載です。

どのビジネス書にも、必ず「テーマ」があり、「なぜそのテーマが重要なのか？」という背景が書かれています。

たとえば、「著者の略歴」「著者の目的」「著者の意図」「著者の価値観」「時代背景」などです。これに「著者の視点」「ノウハウ」「主張」などを照らし合わせながら読み進めることによって、解釈力が身についていきます。

「一生懸命がんばっているのに空回りしがち」「よくＫＹと言われる」などに悩んでいるのなら、「知識」だけでなく「照らし合わせるべき背景を見抜く力」が身につく読み方を、習慣にしてみる価値があるでしょう。

ビジネス書を読むと「思考力」が身につく

思考力とは「頭の良し悪し」ではなく「頭の使い方の上手い・下手」

筆者はこれまで、20代を広告業界で過ごし、30代で外資系コンサルティングファームに参画し、40代で広告業界に戻ってきたキャリアを持っています。

これまでのキャリアでさまざまな人たちと接してきましたが、その中で「考えるのが苦手な人」によく見られるのが次のような傾向です。

- そもそも、「何を考えればいいのか？」がわからない。
- 「どう考えればいいのか？」がわからない。

これは、「まえがき」でお伝えした「視点」と「法則」の話です。ぜひここで、もう一度次の方程式を思い出してください。

何を考えるべきか？（視点）×どう考えるべきか？（法則）＝あなたなりの結論

スキルアップのために知識を得ようとする人は多いでしょう。しかし、「知識」は「すでにこの世に存在するもの」ですから、「過去の先人からの借り物」に過ぎません。また、時間が経つにつれて古くなっていくものです。

一方で、「あなたなりの結論」は「未来に向けて活かす」ものです。あなたが生み出した「結論」はオリジナルのものであり、一般化しにくく、簡単には古くなりません。

思考力は必ずしも「頭の良し悪し」という先天的な問題で決まるわけではありません。むしろ、「頭の使い方の上手い・下手」の問題といえるでしょう。「頭の使い方」の問題である以上、生まれ持った才能で決まることはなく、トレーニングを繰り返せば、誰でも後天的に身につけることができる能力です。

かくいう筆者も、決して「頭が良い」ほうではありません。その結果、社会人駆け出しのころはマニュアルに頼ってばかりでしたが、20代の半ばに「〝頭の使い方〟が重要だ」ということに気づいてからは、外資系コンサルティングファームや広告代理店でキャリアを積める程度の思考力を身につけることができました。

重要なので繰り返します。

「思考力」とは、先天的な「頭の良し悪し」の問題ではなく、「頭の使い方」の問題です。

そして「頭の使い方」は誰でも、いつからでも後天的に身につけることができます。

その有力な手段がビジネス書を読むことなのです。

思考力を身につけるための4つの読み方

前節まで、「知識の体系化」の話と、「知識の解釈力」の話をしてきました。

しかし、「知識の体系化」や「知識の解釈力」という目的だけでビジネス書を読んでも、残念ながら思考力が高まることはありません。

なぜなら、「知識の体系化」や「知識の解釈力」は、「知識」を起点にしているからです。

ビジネス書に書かれた「知識」は、出版された時点で「誰もが知ることができる事実」になってしまいます。その「知識」が役に立つものであればあるほど、すぐに世の中に広がっていき、「誰もが知っている知識」に置き換わっていきます。

つまり、オリジナルの武器にはならなくなってしまうということです。

ビジネスの世界には、「型の奴隷になるな。型の創造者たれ」という言葉がありますが、「知識を得る」だけにとどまった読書法では、残念ながら思考力は「誰かがつくった型」の内側にとどまったままなのです。

人は、「自分が考えられる思考の範囲内」が、自分の行動の限界になります。

多くのビジネスパーソンにとって理解しておくべき知識は多いですが、他人から与えられた知識のみに頼っていては、他人があなたの限界をつくってしまうことになるのです。

そのような状態から抜け出し、「思考力」を身につけるために、ぜひ意識してほしいのが次の4つです。

①疑問をぶつけながら読む。
②視野・視座・視点の違いを意識しながら読む。
③時の流れを意識しながら読む。
④思考の流れをトレースしながら読む。

以下、説明していきましょう。

①**疑問をぶつけながら読む**

ビジネス書に書いてあることを鵜呑《うの》みにするだけなら、それは単なる「情報収集」や「知識の取得」に過ぎません。いわば「暗記」と同じですから、「考える」という作業は伴わず、思考力は身につかないでしょう。

ビジネス書を読むときに重要なのは、「なぜ？」「本当に？」「他には？」などと疑問をぶつけながら読むことです。「なるほどね」と短絡的に鵜呑みにしたり、「そんなことは当たり前だ」などと、何も疑問を感じないまま読んでしまうと、いつまでたっても思考が起動することはありません。

つまり、物事を考える際の出発点にすら立てないのです。

特に気をつけたいのは、ビジネス書を通して発見した物事を、「思い込み」や「決めつけ」で処理してしまい、思考を停止させてしまうことです。

「思い込み」や「決めつけ」は、「疑問を持つ」ことを妨げて、思考力の上達を邪魔してしまいます。

逆にいえば、「疑問を持つ」ことは物事を客観的にとらえ、さまざまな角度から見ようとする頭の動きであり、「視点」を増やすきっかけになります。

それを、無駄で億劫《おっくう》に感じるかもしれません。

しかし、「物事に気づけなくなっていないか」、あるいは「思い込みに囚われて、思考停止になっていないか」を確認する意味でも、ビジネス書に綴《つづ》られている主張に対して、「なぜ？」「本当に？」「他には？」と考えてみる習慣を身につけましょう。

②視野・視座・視点の違いを意識しながら読む

ビジネス書の著者と読者とでは、「視野の広さ」は異なるはずです。「視野の広さの違い」を意識しながら読めば、そのビジネス書はあなたの思考の範囲を広げてくれるはずです。

また、「視座の高さ」の違いを意識することも、大きな学びにつながります。

そのビジネス書の著者は、どのような視座で筆を進めたのでしょうか。経営的な視座？現場目線？　あるいは広範な社会的な視座でしょうか？　それとも、市場競争の視座でしょうか？

よく「鳥の目」「蟻の目」といいますが、同じ物事を見ていても、視座の違いで結論は変わることがあります。「視座の違い」を意識して読書をすることもまた、思考力を鍛える助けになるはずです。

さらに、「視点の角度」を意識しながら読めば、あなたが見ている世界の解像度は上がっていきます。

たとえば、同じ「マネジメント」をテーマにしていても、その文脈は「経営者の視点」「中間管理職の視点」「コンサルタントの視点」「クリエイターの視点」などで、大きく異なるはずです（図3）。

どんなに抽象的な概念も、視点を多く持つことで、その輪郭はクリアになり、解像度は上

図3　視野・視座・視点が変わると違って見える

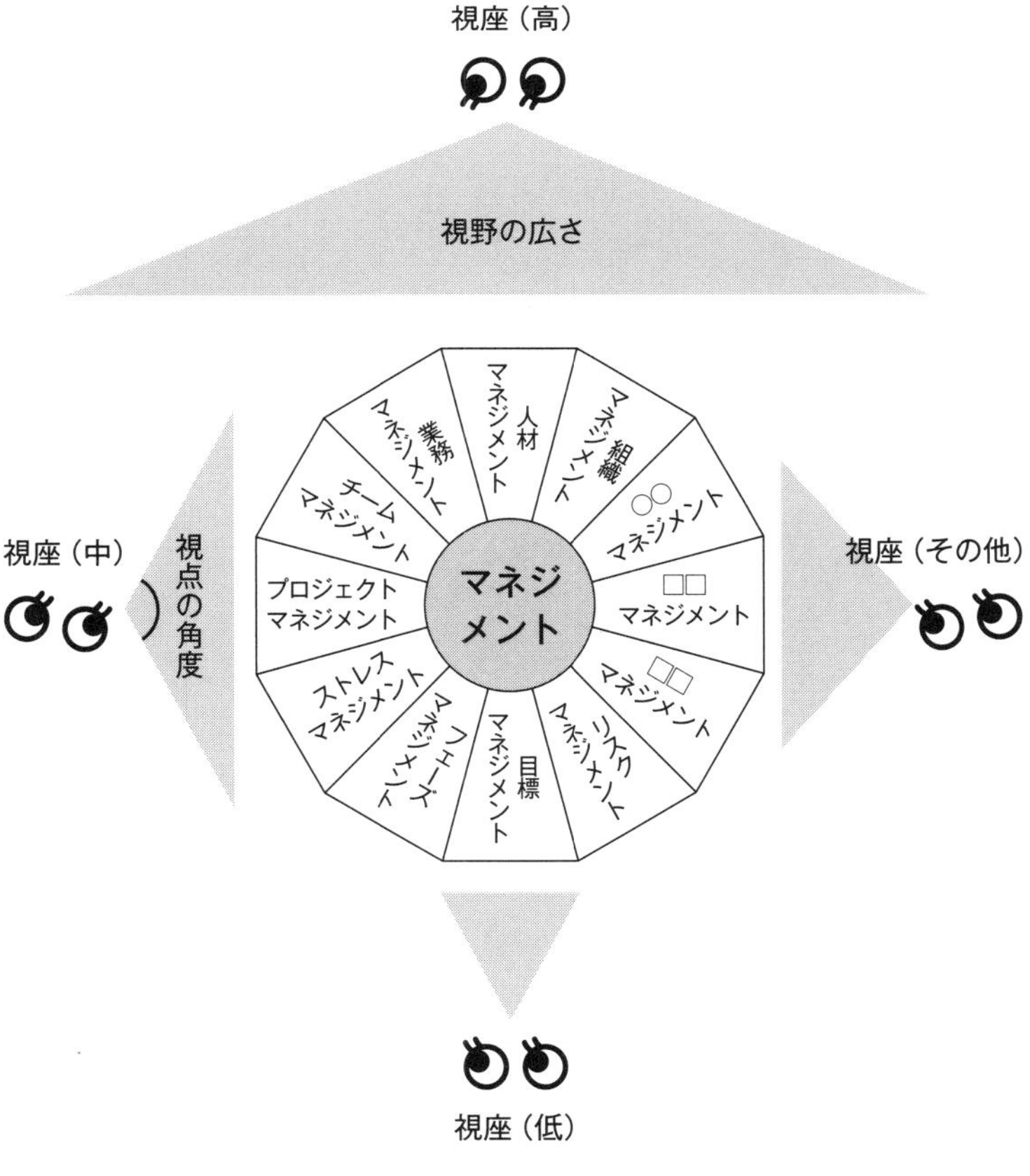

がっていきます。

さらに、「視点の多さ」は思考を柔軟にし、時に大きなアイデアをもたらしたり、リスク回避の助けとなりえるでしょう。「視点の違い」を意識してビジネス書を読めば、自分の中に数多くの視点をストックすることができるようになります。

その方法については、第三章で詳しく説明しましょう。

③時の流れを意識しながら読む

物事には、必ず「過去」「現在」「未来」という時の流れがあり、時の流れを経て変わっていくものと変わらないものが存在します。

ビジネス書の中で著者が展開している主張は、はたして時を経ても変わらない本質なのでしょうか。それとも、今の時流に沿ったトレンドなのでしょうか。あるいは、大きな変化の兆しとなるターニングポイントを暗示しているのでしょうか。

「時の流れ」を意識しながら読書ができれば、「長期的な視点」と「短期的な視点」という、2つの「つながりや断絶」に気づけるようになります。

その結果、手に入れることができるのは「先を読む思考力」です。

ます。

④思考の流れをトレースしながら読む

そのビジネス書は、どのような思考をたどって、重要な本質に迫っているのでしょうか。物事の本質とは、その分野において最も重要な事柄であり、応用範囲が広い事柄でもあります。

そして重要なのは、その著者なりに迫った本質を「パクッて、いただく」ことではなく、その本質に迫るまでの思考の流れをトレースしてみることです。

どのような結論も、そこに至るまでにはプロセスが存在します。そのプロセスに対して思考を巡らせ、自分なりの知恵に変えることができれば、再現性の高い思考プロセスを手に入れたことになります。これが、本書でいう「法則」に当たります。

ビジネス書を通して「法則をストックする」習慣を持てれば、「情報」や「知識」を越え、自分なりの結論を導き出せるようになります。

これは、自身が「正解を探す人」から「正解をつくる人」へ変わったことと同じであり、まさに「思考力を鍛える読書」の成果なのです。

「法則のストックの仕方」については、第四章で詳しく説明しています。

ビジネス書を読むと「応用力」が身につく

アウトプットのための2つの視点

読書術の本には、ほぼ例外なくアウトプットの重要性が説かれます。

しかし一方で、「わかってはいるものの、なかなか思うようにアウトプットできない」と感じている方もいらっしゃるのではないでしょうか？

ビジネス書を読むことを問わず、得た学びをアウトプットしやすくするには、次の2つの視点が必要になります。

- 得た学びの「役立つ度合いの高さ」
- 得た学びの「応用範囲の広さ」

図4　アウトプットにつながる学びとは

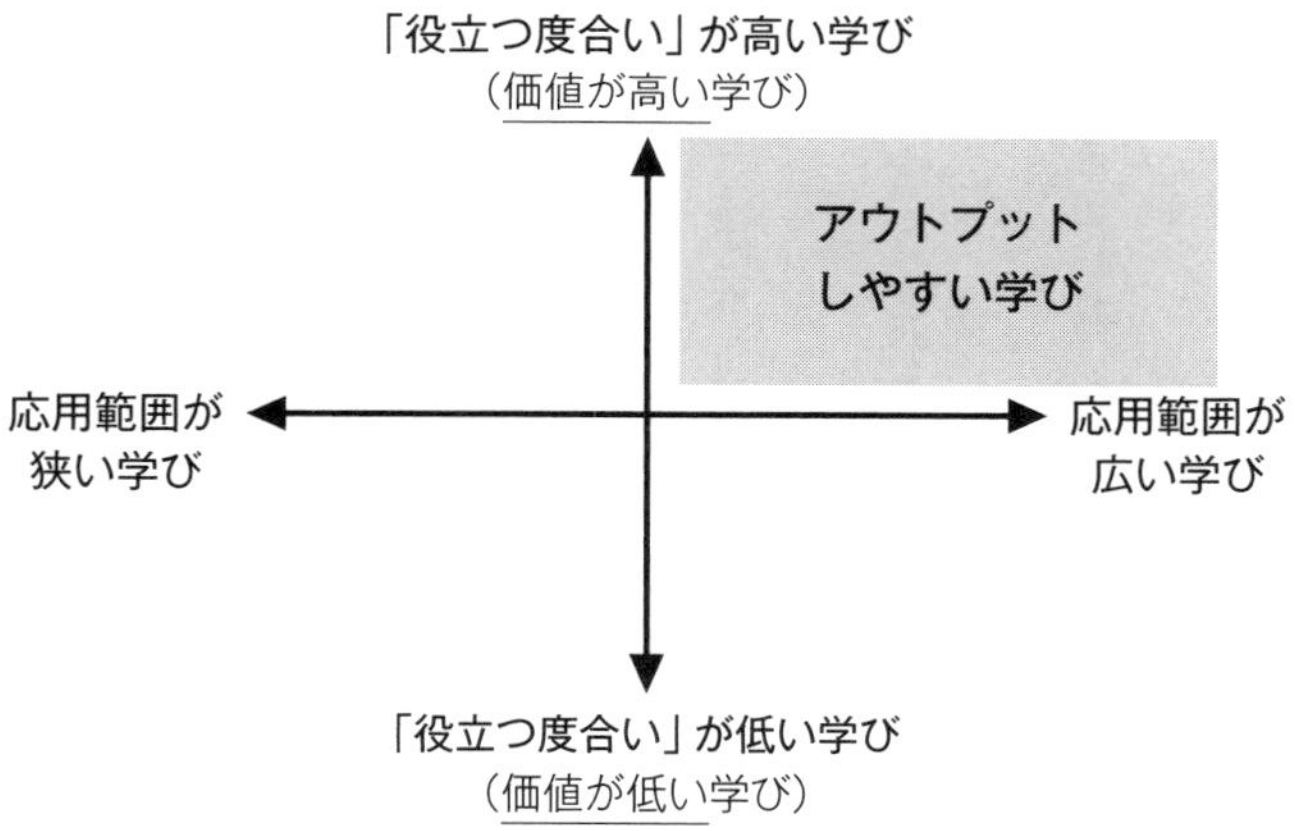

このうち「役立つ度合いの高さ」はビジネス書の内容次第ですが、「応用範囲の広さ」は、読み方次第で大きく広げることができます（図4）。

世の中には「何をやらせても優秀な人」が存在します。あなたもこれまでの人生の中で、次のような人に出会ったことがあるのではないでしょうか。

物事の飲み込みが早く、たとえその人にとって土地勘がない分野だったとしても、少し説明を加えただけで「だいたいわかりました」と理解してしまう人。いわば「1を聞いて10を知る人」で、何をやらせても、そつなくこなしてしまえる人です。

では、「何をやらせても優秀な人」の正体とは、いったい何でしょうか。「普通の人」との違いは、いったいどこにあるのでしょうか。

それは、「応用力があるかどうか」の違いです。「応用力」とは、「すでに得た知識を使って、別の物事に対応する力」のことを指します。

「抽象化・法則化」→「具体化」で応用力を身につける。

応用力を身につけるには、ビジネス書を通して「抽象化・法則化→具体化」という頭の使い方を身につける必要があります。

しかし、いきなり「抽象化・法則化」「具体化」といわれても、それこそ概念的でわかりにくいので、具体例を使って説明しましょう。

何をやらせても優秀な人の頭の使い方

たとえばある書籍に、次のような意味合いの文章が綴られていたとしましょう。

ゴミの不法投棄の現場に「ゴミ捨て禁止の看板」を置いても、ゴミの不法投棄は減らなかった。

しかし、不法投棄の現場に「お地蔵さん」を置いたら、ゴミの不法投棄は激減した。

この文章を読んで、多くの人は「うまいこと考えたな」で済ませてしまうのではないでしょうか。いわば、「ゴミの不法投棄のエピソード」という、「その時その場の、個別のエピソードの話」で終わらせてしまうのです。

しかし「何をやらせても優秀な人」は、このエピソードを読んで、「幅広く応用できる〝概念〟に置き換えられないか？」と考えます。

「ゴミ捨て禁止の看板」を置いても↓ゴミの不法投棄は減らなかった。

この、「その時」「その場の」「個別のエピソード」でしかない事柄に対して、

一方的にルールを押し付けても↓人は言うことを聞かない。
罰則規定がないルールを押し付けても↓人は言うことを聞かない。

など「普遍的な法則」に置き換えるような頭の使い方をしているのです。これが「抽象化・

法則化」といわれる頭の使い方です（「概念化」とも呼ばれます）。

また、

「お地蔵さん」を置いたら↓ゴミの不法投棄は減った。

という事実も、「幅広く応用できる〝概念〟に置き換えられないか？」と、「抽象化・法則化」して考えると、

自分がいやな気持ちになると↓人は行動を止める。
自発的な気持ちを引き出せると↓人は言うことを聞く。

などの「普遍的な法則」に置き換えることができます。

このように「個別具体的なエピソード」を幅広く応用できる〝概念〟に置き換え、「抽象化・法則化」することができれば、学びの応用範囲が広がります。

たとえば、

自発的な気持ちを引き出せると↓人はいうことを聞く。

という法則は、

ビジョンに対する共鳴を引き出せると↓従業員はがんばってくれる。

という企業経営に応用できるかもしれません。
また、次のようにチーム運営にも応用が効きそうです。

支援を通したマネジメントを実践すれば↓チームメンバーはがんばってくれる。

このように、いったん抽象化して「法則」にしたものを、別の分野に応用して具体に落とすことを「具体化」といいます。
こうして見ていくと、はじめは「ゴミ捨て場の看板」という個別具体的なエピソードに過ぎなかったものが、

①抽象化・法則化：個別具体的な物事を、幅広く応用できる〝概念〟や、「こういうときは↓こうなりやすい」という法則に仕立て上げる。

② 具体化：その法則を応用して、別の事柄に当てはめる。

というプロセスを踏むことで、1つの学びの応用範囲が何倍にも広がっていることがわかるでしょう。

これが「アウトプットのしやすさ」であり、「優秀な人は何をやらせても優秀」な人の頭の使い方の正体なのです。

「学び」の応用範囲を広げる

より理解を深めるために、別の例も示しておきましょう。

ある書籍に、次のような意味合いの文章が綴られていたとしましょう。

2人の子供のお土産用に買ってきた「5個セットのリンゴ」がある。

2人の子供に「5個のリンゴ」をどう分ければいいか？

理屈だけで考えれば、子供1人に対して2個ずつリンゴを与え、残りの1個は半分に切って分け与えるのが正解になるでしょう。

しかし、その書籍には、次のような解答例が示されていたとします。

5個のリンゴをミキサーにかけてジュースにし、ジュースを2人の子供に平等に配る。

ここで、「なるほどねえ。その手もあったか！」で終わらせてしまうだけでは、応用力は身につきません。

ここでぜひ、「ジュースにして、2人の子供に平等に配る」という個別具体的な話を抽象化し、「幅広く応用できる〝概念〟」に置き換えてみましょう。

多くの人はこの文章を示されると、無意識に「リンゴを固形物のまま配らなければならない」という先入観で考えてしまいます。しかし、その先入観を疑い、「リンゴを固形物として配る必要はないのでは？」という発想に想いが至れば、「ジュースにして、2人の子供に平等に配る」という解答を導き出しやすくなります。

だとすれば、「ジュースにして、2人の子供に平等に配る話」を、幅広く応用できる〝概念〟に置き換えると、

先入観を疑うと↓ユニークなアイデアが出やすい。

という法則を導きだせるかもしれません。

このように「個別具体的な話」を抽象化・法則化することで、「アウトプットの応用範囲」は大きく広がっていきます。

もし、あなたが出版社の編集者だとしたら、

本＝読むもの。

という先入観を疑うことで、

本＝読まなくてもいいもの。

と発想し、次のようなアイデアが浮かぶかもしれません。

アイデア①：部屋に飾るための本。

アイデア②：片側がノートのように白紙になっており、自由に書き込める本。

あなたがホテルのコンセプト開発担当者だったとしたら、

ホテル＝静かな場所。

という先入観を疑うことで、

ホテル＝静かでなくてもいい場所。

と発想し、次のようなアイデアが思い浮かぶかもしれません。

アイデア：館内がアスレチックになっているホテル。

あなたが自転車メーカーの担当者だとしたら、

自転車＝移動を楽にするもの。

という先入観を疑うことで、

自転車＝移動を楽にしなくてもいいもの。

と発想し、次のアイデアが思い浮かぶかもしれません。

アイデア：あえてペダルを重くすることで、普段の買い物時にフィットネスができるエアロバイク。

これらのアイデアの良し悪しは別にして、重要なのは「抽象化・法則化→具体化」という道筋を通ることで、学びのアウトプット先が分野を越えて広がったことです。

これまで「概念」と聞くと、どこか「曖昧なもの」「漠然としているもの」「役に立たないもの」というイメージがあったかもしれません。しかし、「個別具体的なエピソード」という特殊事情から離れ、「幅広く応用できる〝概念〟」にとらえ直し、「法則化」すると、応用範囲は大きく広がっていきます。

そして、今度はその「法則」をさまざまな分野で具体化し、自分の手に届く範囲に実在するモノやコトに落とし込んでいくことで、アウトプットの範囲もまた、大きく広がっていくのです。

重要なので繰り返しますが、「アウトプットのしやすさ」は、次の2つで決まります。

- 得た学びの「役立つ度合いの高さ」
- 得た学びの「応用範囲の広さ」

このうち「応用範囲を広げる」ためには、ビジネス書に書かれた個別具体的なエピソードを「抽象化・法則化→具体化」していくことが重要なのです。

抽象化の具体的な方法についても、第三章と第四章で詳しく説明します。

ビジネス書を読むと「将来に向けた投資」になる

消費と投資の違いとは？

突然の質問ですが、あなたは「消費」と「投資」の違いを、人に説明できるでしょうか？

「消費」とは、「使って消えること」を指します。

たとえば、「お金を消費する」「ガスを消費する」「飲み物を買って消費する」などが典型です。

いわば、「その場で消えてしまい、何も残らないこと」といえるでしょう。

一方で「投資」とは、「将来の収益を見込んで、お金や時間を使うこと」です。「株に投資する」「FXに投資する」「暗号資産に投資する」などは、将来の収益を見込んでのことでしょう。

筆者は、ビジネス書を読むことを、「消費」ではなく「投資」だととらえています。それも株やFX、暗号資産などと比べて、「極めて有利な投資」としてです。

なぜでしょうか？

ビジネス書から生涯にわたって役立つ能力を手に入れる

「ビジネス書を読むこと＝有利な投資」と考える理由の1つ目は、ビジネス書を読むことは情報や知識という「得た時点で古くなっていくもの」ではなく、「視点」や「法則」など、「生涯にわたって役に立つもの」が得られると考えるからです。

先述のとおり、情報や知識は「すでに存在するもの」である以上、「過去のもの」でしかありません。それらの情報・知識が役立つものであればあるほど、すぐに世の中に一般化し、「誰もが知っている情報・知識」になっていきます。

つまり、すぐに価値が目減りしてしまうのです。

ここで思い出していただきたいのが、先ほどの「消費」の定義です。

消費とは、「使って消えること」でした。つまり、「すぐに価値がなくなってしまうこと」を追いかけることは、「使って消えるもの」を追いかけるのと同じであり、自転車操業を繰り返していることにほかなりません。「労多くして功少なし」という状態になってしまうのです。

一方で、ビジネス書から数多くの「視点」や「法則」を得られれば、それらは「仮説力」や「アイデア力」となって生涯にわたって役立つ「能力」に変わります。

これが「ビジネス書を読むこと＝投資」であり、「将来の収益を見込んで、お金や時間を使うこと」と考える理由です。

ネット記事を拾い読みすれば、表面的な情報や知識を「サクッと」手に入れることができるかもしれません。

しかし、それはあなた以外の人も同様であり、ただ単に情報や知識を得るだけでは、オリジナルの競争力にはなりません。3分で手に入る競争力は、3分で真似される競争力でしかないのです。

一方でビジネス書を通して得られるのは、「体系化する力」「解釈する力」「考える力」など「能力」の話ですから、築き上げるにはそれなりの時間がかかります。しかし、いったん築き上げさえすれば、自身の長期的な競争力になります。

なぜなら、もしこれらの能力を身につけるのに3年かかるとすれば、あなた以外の人と比べて、3年間を先取りした競争力を身につけたことになるからです。

経営資源にたとえると、「土地」「建物」「有価証券」など、「目に見える資産」は、競合企業もお金を出せば買うことができます。つまり、「簡単に真似されやすい資産」といえるでしょう。

しかし、「ビジョン」「組織文化」「ブランド」「組織ノウハウ」など、「目に見えない資産」については、競合企業は簡単には真似をできず、まったく同じものを手に入れることはできません。

このように、ビジネス書を適切に読めば、「真似されにくく」「長期的に持続する」競争力を手にすることができます。これが、「ビジネス書を読めば、生涯にわたって役立つものが手に入る」と考える理由です。

ネット記事から得た情報や知識の「消費」は、そのときはためになった気になるかもしれませんが、結局は何も残りません。

ぜひ、ビジネス書を読むことを「投資」ととらえ、あなた自身の生涯にわたる競争力につなげてください。

ビジネス書を読めば、生涯のムダを削減できる

「ビジネス書を読むこと＝有利な投資」と考える理由の2つ目は、成功している人たちが長い年月をかけて学び取った「視点」や「法則」を、短い時間で手に入れることができるからです。

これから何か新しいことをはじめる場合、「まったくの白紙」からはじめるのと、「あらかじめ成功パターンや失敗パターンを頭に入れてからはじめる」のでは、どちらのほうが有利でしょうか？

当然、あらかじめ「成功パターン」や「失敗パターン」を知っていれば、最短で成功の道筋を見つけ、不必要な試行錯誤を減らし、膨大な時間を節約することができます。これが、たった1500円前後のビジネス書で実現できるのです。

この世にビジネス書がなかったら、成功している人たちの「視点」や「ノウハウ」を手に入れるには、その人に直接コンタクトを取り、時間を割いてもらい、会いにいくしかありません。

しかしビジネス書であれば、空間や時間を越えて、成功している人たちの考え方を手に入れることができます。海外の成功者のノウハウも、故人の知見ですらも手に入れることが可能なのです。

本人たちが生涯を通して苦労に苦労を重ね、血のにじむような思いで獲得したノウハウが、たった1500円前後のビジネス書で手に入れることができる。これほどコスパの高い投資が他にあるでしょうか？

スピードが速い現代において、「時間」とは希少で有限な財産です。その貴重な時間を、無駄な試行錯誤で浪費してしまうのは、とてももったいないことです。

ここで「砂時計」をイメージしてください。今この本を読んでいる瞬間も、あなたの残り時間は砂時計のように少しずつ減っています。そしていつか、尽きてしまうのです。

だとすれば、「知らない」「わからない」に直面したときに、完全にゼロから考えようとするのは、無駄に砂時計を大きく減らすだけです。

しかし、ビジネス書を通して成功者から学ぶことができれば、砂時計を大きく減らすことなく、最短で成果にたどり着けるはずです。その意味で、ビジネス書を読むことは「時間への投資」でもあるのです。

第二章

10倍読書の四大原則

いよいよ第二章からは、本書のメインテーマである「10倍読書」についてお伝えしていきましょう。ここで再度、次の方程式を思い出してください。

何を考えるべきか？（視点）×どう考えるべきか？（法則）＝あなたなりの結論

「10倍読書」は、大きく分けて2つの読み方があります。

- 自分の中の視点を増やす「視点読書」。
- 自分の中の法則を増やす「法則読書」。

これらを説明する前に、まずは「10倍読書の四大原則」について説明させてください。

第一章で、物事のとらえ方が「個別的」「散発的」「部分的」になってしまうと、体系的な理解ができなくなるので、その効果が限定的なものになってしまう、という話をしました。

「10倍読書」においても、まずは個別の読み方の前に、「10倍読書」の大枠にあたる「四大原則」を理解しておくと、個別の読み方の意味が明確になり、一つひとつが理解しやすくなります。

「読書量」より「学びの量」

10倍読書の四大原則その一

速読・多読よりも時間・ページ当たりの学びの量

「10倍読書」で目指すのは、「ビジネス書をたくさん読むこと」や「速く読むこと」ではありません。「読書時間当たりの学びの量の最大化」です。これが「10倍読書」と名づけた理由にもなっています。

読書術関連の本の多くは、「ビジネス書の中で重要なのは2割に過ぎない。したがって、重要な2割だけを読めば、速く、多くの本を読めるようになる」という主張をしています。しかし、この考え方は2つの点において違和感を覚えます。

1つ目の違和感は、「速く、多くの本を読めるようになる」こと自体を目的にしている点です。「まえがき」でもお伝えしましたが、これはサッカーにたとえると「速く走れるようになる」「多く蹴れるようになる」と言っているようなもので、これらは「手段」ではあっても「目的」

ではありません。

あくまでビジネス書を読む目的は「多くの学びを得る」ことですから、速く読めなくても、多くの本を読めなくても、「ビジネス書を読んでいる時間当たりの学びの量」が最大化できれば、それでＯＫです。

たとえ速読や多読で10冊の本を読んだとしても、そこから得られる学びがゼロなら、時間を無駄にしているのと同じです。

一方の「10倍読書」は、「1冊でいいから、限られた読書時間から得られる学びを10倍にしよう」というスタンスであることを理解しておいてください。

ビジネス書から１００％以上の学びを得る

続いて2つ目の違和感は、「ビジネス書の中で重要なのは2割に過ぎない」という考え方自体が、「ビジネス書で学べる内容の上限は１００％である」という前提を置いている点です。

はたしてビジネス書から学べる内容の上限は、本当に１００％なのでしょうか？

たしかに、ビジネス書に対して「情報を得よう」「知識を得よう」という姿勢なら、著者の自分語りや回想、たとえ話や事例などを読み飛ばして、「重要な2割だけ」読めばいいのかもしれません。

しかし、「情報を得る」「知識を得る」だけなら、それはスマートフォンでインターネット検索すれば済む話です。何も情報や知識を得るのに1500円を出費してビジネス書を買う必要はありません。

よしんばビジネス書を買ったとしても、「重要なのは2割だけ」だとしたら、そのビジネス書の価値は1500円×20％＝300円の価値しかないことになってしまいます。これでは、非常に投資パフォーマンスの悪い読み方になってしまうでしょう。

「10倍読書」が重視するのは、学べる上限を100％「以上」にすることです。

この時点ではまだピンとこないかもしれませんが、第三章〜第五章をお読みいただければ、その理由を理解できるはずです。

とにかく、ビジネス書を読むにあたって重要なのは、「重要な2割を拾って、速く、たくさん読むこと」ではなく、「限られた読書時間の中で、得られる学びを10倍以上にすること」なのです。

「フローの情報」より「ストックの情報」

10倍読書の四大原則その2

価値が落ちない「ストックの情報」

世の中には2種類の異なるタイプの情報が氾濫しています。

その2種類の情報とは、「フローの情報」と「ストックの情報」です。

「フローの情報」とは流れ去る情報のことで、いわば「タイムラインに流れてくるニュース」をイメージしてください。あなたのソーシャルメディアアカウントには、日々さまざまなニュースが流れてくることでしょう。それらのニュースのほとんどは、あなたの目に留まることなく、タイムライン上を流れ去っていくはずです。

一方で「ストックの情報」とは、あなたが「考えるきっかけ」になる情報です。

たとえば、「独自の視点」「普遍的な法則」など、思考のフィルターを通すことで、「自分ならではの競争力」に発展する可能性がある情報を指します。

「フローの情報」の価値は、ニュースに代表されるように「最新であること」ですが、「ストックの情報」の価値は、「時代や分野を越えて変わらない法則」が潜んでいることです。「フローの情報」は時間が経てば経つほど、その価値は減っていきます。別の言い方をすれば、「消費される情報」です。

しかし「ストックの情報」は、「時代や分野を越えて変わらない法則」が潜んでいるので、いつまでもその価値は減りません。

つまり、ビジネス書などを通して「ストックの情報」に接する時間を増やせば、自分の中に「時代や分野を越えて変わらない法則」を蓄積していくことができます。

自分の中に「時代や分野を越えて変わらない法則」が蓄積されていけば、いざというときに目の前で起きた現象を、「時代や分野を越えて変わらない法則」に当てはめてみることで、質の高い答えが素早く導き出せるようになります。

これが思考力の源であり、巷《ちまた》で言われる「仮説力」です。

つまり、

ストックの情報×思考を巡らすこと×その蓄積（＝時間）

は、あなたの思考力を劇的に高めてくれるのです。

「ストックの情報」から得た法則を組み合わせる

誤解を恐れずにいえば、時間とは蓄積のことであり、蓄積とは時間のことです。

つまり、ビジネス書を片手に「時代や分野を越えて変わらない法則」に思考を巡らし、その時間を蓄積に変えていくことができれば、それをしなかった人と比べて圧倒的な競争力を持つことが可能になるのです。

さらに、自分ならではの「法則のストック（＝蓄積）」が増えてくれれば、今度は「法則のストック同士」を組み合わせて、さらに新たな知恵を生み出すこともできるようになります。

「イノベーションは、既存の知恵の組み合わせに過ぎない」という言葉を聞いたことがあるでしょうか。

「知恵の組み合わせパターン」は、理論上は何通りも存在します。そのため、上手く組み合わせれば、生み出す知恵の量は累乗的に増えていきます。

「10倍読書」を身につければ、これまでにない発想を生み出す思考力を磨くことができるのです。そうすれば、あなたの書籍代は「消費」から「投資」へと変わるはずです。

10倍読書の四大原則その3

「視点読書」「法則読書」の2回読みをする

なぜ、2回に分ける必要があるのか？

「10倍読書」の原則の3つ目は、1冊のビジネス書を「視点読書」「法則読書」の2回に分けて読むことです。

1回目：著者が置いている「視点」を発見しながら読む「視点読書」。
2回目：著者が想定している「法則」を発見しながら読む「法則読書」。

なぜ、2回に分けて読む必要があるのでしょうか？
その理由を説明しましょう。
「10倍読書」から得られる学びには、次の2つがあります。

視点：何を考えるか？
法則：どう考えるか？

しかし、これらを一度の読書で学び切ろうとすると、結局は1つも身につかなくなってしまうでしょう。

たとえば、誰かとキャッチボールをするシーンを想像してみてください。相手が投げてくるボールに意識を集中すれば、簡単にキャッチできるはずです。

しかし、もし相手が2つのボールを一度に投げてきたら、意識は2つのボールに分散し、「結局は1つもボールを受け取れない」という状態が起きることでしょう。

集中を分散させないために

ある脳科学の研究によれば、人間の脳は同時に2つ以上のことを考えることができないそうです。

多くの人が「マルチタスク（＝同時並行処理）」と呼んでいるものは、実際には「タスクスイッチング（＝短時間での思考の切り替え）」であり、タスクスイッチングは思考の生産性を

4割低下させるといわれています。

また、一度に「視点」「法則」というテーマを切り替えながら読もうとしても、切り替えるタイミングでどうしても集中力が落ちてしまいます。人はいったん集中を切らすと、再び集中した状態に戻るのに23分必要になるそうなので、これでは時間がかかりすぎてしまうでしょう。

したがって、つい欲張って「視点」「法則」を一度の読書で手に入れようとするよりも、「視点なら視点」「法則なら法則」と、それぞれにテーマを絞って読み進めたほうが、集中を分散させることなく効果的な学びが得られます。

このような理由から、「10倍読書」では、1冊のビジネス書に対して「視点読書」「法則読書」の「2回読み」をおすすめしているのです。

同じ分野の「固め読み」をする

10倍読書の四大原則その4

「固め読み」で記憶効率と読書スピードが上がる

「10倍読書」をする際には、テーマごとに「○○期間」をつくって、同じ分野の固め読みをするのがおすすめです。

たとえば、「この3カ月は思考力の読書期間」「次の3カ月は会計・財務の読書期間」「さらに次の3カ月はマーケティングの読書期間」という要領です。

一定の期間で「同じ分野のビジネス書」を固め読みすれば、いったん忘れてしまった内容も思い出しやすくなり、読書の記憶効率が上がります。

心理学の世界に「エビングハウスの忘却曲線」という理論があります(図5)。一般的には「人はX日後にはY%の事柄を忘れてしまう」という「忘却率の理論」として知られています。

しかしそれは誤解で、「エビングハウスの忘却曲線」とは、「忘れやすさを示した曲線」で

図5　エビングハウスの忘却曲線

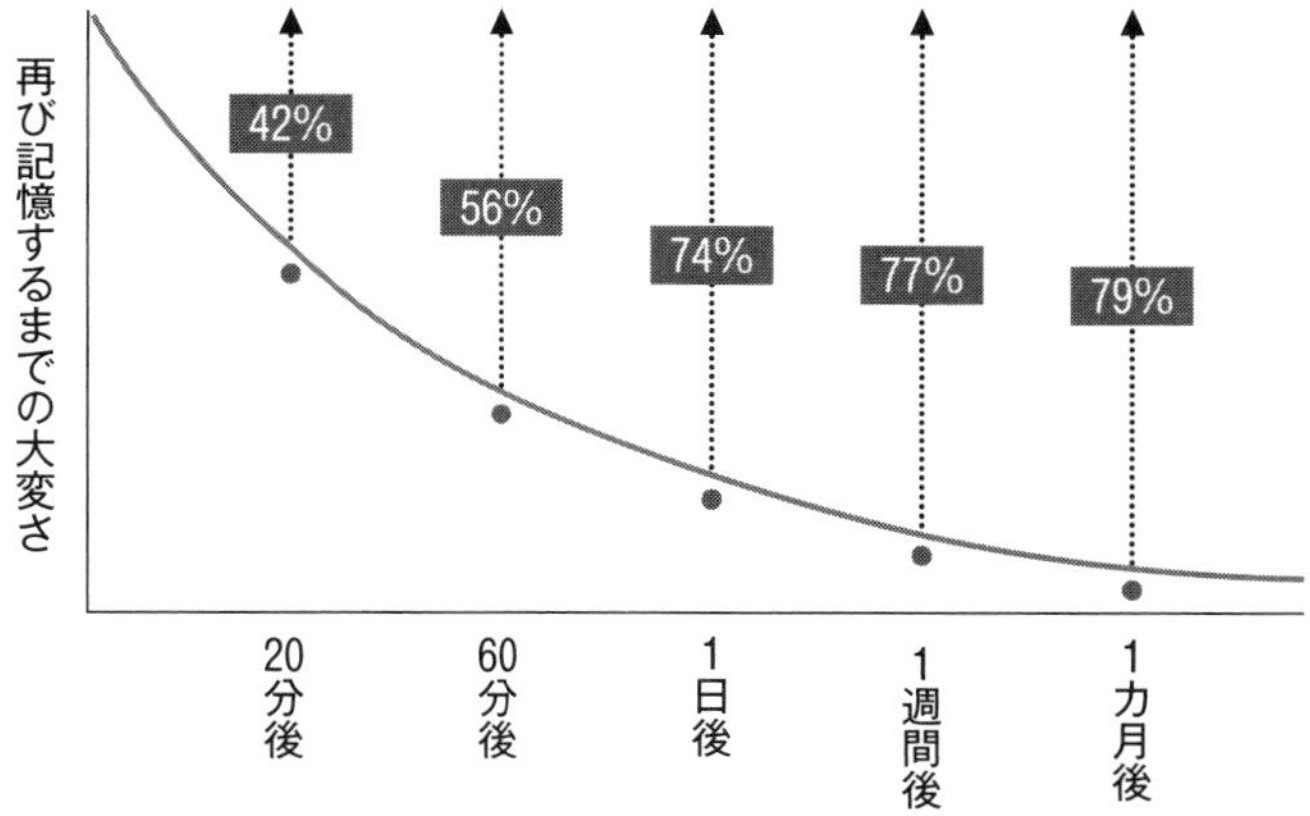

はなく、「再び完全に記憶するまでの負担の度合いを示した曲線」なのです。いわば、「もう一度記憶するまでの大変さの度合い」を表しているのです。

エビングハウスの忘却曲線によると、時間の経過別に見た「もう一度記憶するまでの大変さの度合い」は次の通りです。

- 20分後なら、再び完全に記憶するまでの大変さは約42%である。
- 60分後なら、再び完全に記憶するまでの大変さは約56%である。
- 1日後なら、再び完全に記憶するまでの大変さは約74%である。
- 1週間後なら、再び完全に記憶するまでの大変さは約77%である。
- 1カ月後なら、再び完全に記憶す

るまでの大変さは約79%である。

これらを見ると、当たり前ですが時間が経過するにつれ、覚えたことを再び記憶する大変さが増していくことがわかります。

しかし、「分野の固め読み」をすれば、「短期間で同じ分野を復習する」という状態になるので、まったく別の時期に読むより記憶効率が上がります。つまり、ビジネス書で書かれている内容が記憶に定着しやすくなるのです。

また、分野の固め読みを通して、「もう一度記憶するまでの大変さの度合い」を劇的に下げることができれば、読書のスピードが上がります。つまり、速読術や多読術を覚えなくても、自然にたくさんのビジネス書を読めるようになっていくのです。

「固め読み」は視点や法則を増やしやすい

さらに、一定の期間で「同じ分野のビジネス書」を固め読みすれば、たとえ著者が異なっていたとしても、共通の主張に気づくことができます。

「共通の主張」は、異なる著者が共通して触れている以上、その背景には「絶対に欠かすことができない重要な本質」が隠されています。

同じ分野の固め読みをすれば、その共通点に着目することで、その分野における重要な「視点」や「法則」を発見することができるのです。

一方で、同じ分野のビジネス書とはいえ、著者が異なる以上、主張に違いも存在します。

この「違い」は、著者ごとの「視点」や「見立て（＝法則）」の違いであり、著者固有のオリジナリティです。

同じ分野の固め読みをすれば、「視点」や「法則」の違いが明確になり、あなたの視野を大きく広げてくれるはずです。

「固め読み」は知識を体系化してくれる

さらに「同じ分野の固め読み」は、知識を体系化するうえでも極めて有効です。

たとえば、あなたが「思考力の読書期間」をつくり、固め読みの一環として「ロジカルシンキングの書籍」と「ラテラルシンキングの書籍」を読んだとしましょう。

ロジカルシンキングの書籍では、おそらく次のような内容が記載されているはずです。

> ロジカルシンキングとは、物事を体系的に整理し、筋道たてて矛盾なく考える思考法のことを指す。

一方で、ラテラルシンキングの書籍では、次のような内容が書かれているはずです。

> ラテラルシンキングとは、「どんな前提条件にも支配されない自由な思考法」であり、「水平方向に発想を広げる」という意味合いからラテラル（＝水平）という言葉が使われる。

もし、この2冊のビジネス書をまったく別の時期に読んだとしたら、「ロジカルシンキング」と「ラテラルシンキング」を個別に理解し、「ロジカルシンキングとラテラルシンキングは、まったくの別物」ととらえて終わらせてしまうかもしれません。

しかし、「思考力の読書期間」の中で2つの書籍を「固め読み」していたとしたら、あなたは「ロジカルシンキング」と「ラテラルシンキング」の関係を、関連付けて考えることができます。

すると、次のような関係を発見するかもしれません。

- ロジカルシンキングとラテラルシンキングの最も大きな違いは、「前提のとらえ方」の違いだ。

図6 ロジカルシンキングとラテラルシンキングの関係

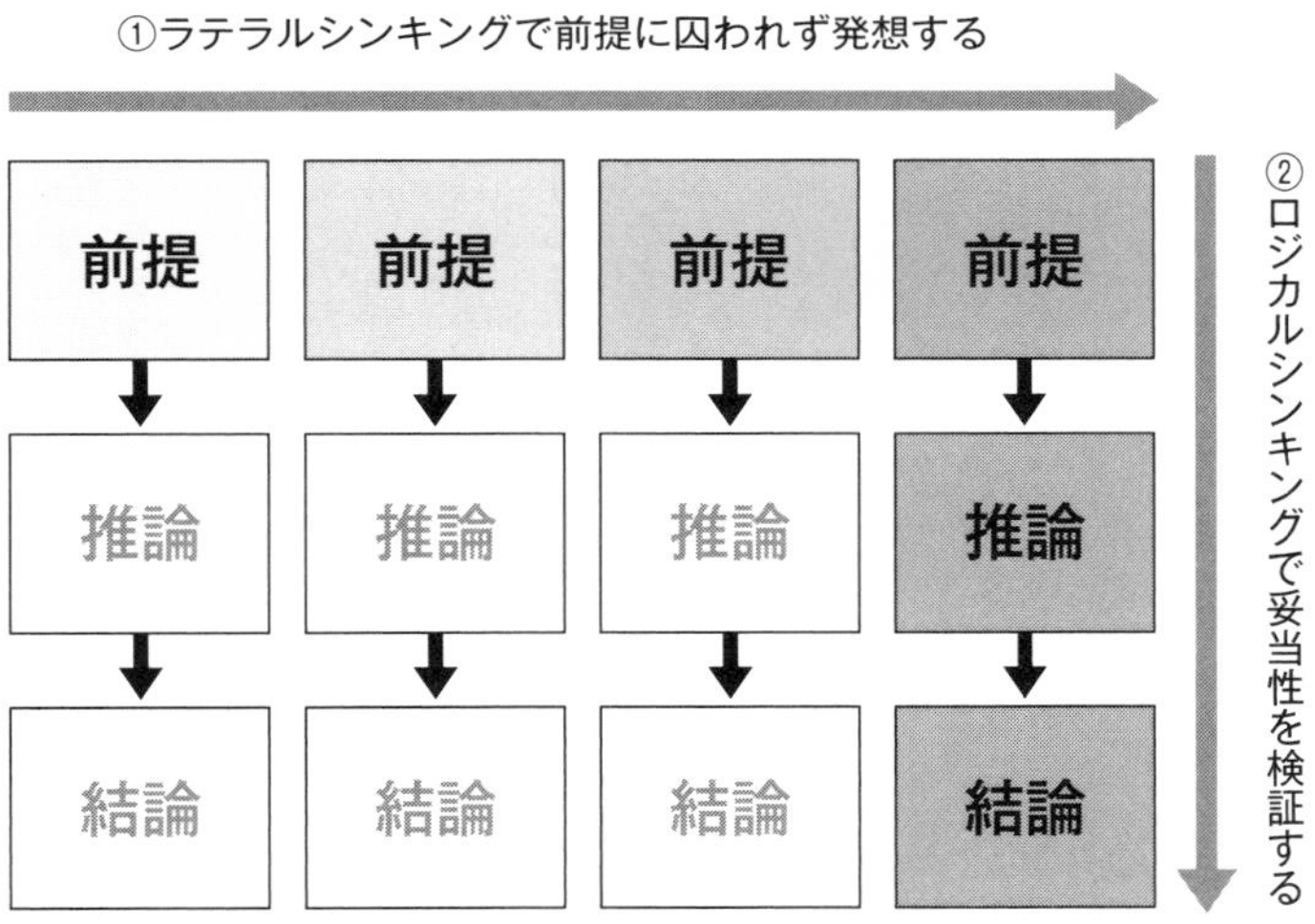

- ロジカルシンキングの頭の使い方は、まずは「A」という前提を置き、その後「AだからB」「BだからC」という推論をたどった結果、「結論はCである」という答えにたどり着く。
- 一方で、ラテラルシンキングの頭の使い方は「A」という「前提」そのものを疑う思考法だ。そもそもの前提は「〝A〟ではなく〝あ〟ではないか?」「〝A〟ではなく〝a〟ではないか?」など、前提そのものの可能性を広げていく。
- だとすれば「ロジカルシンキング」と「ラテラルシンキング」は、まったく別個の思考法というよりは、相互補完的な思考法ではないか？

- 仮説の可能性を広げたいときは「ラテラルシンキング」を使い、複数の仮説の成功可能性をロジカルに検証したいときに「ロジカルシンキング」を使うのではないか？

このように、同じ「思考力」というテーマのビジネス書を固め読みすれば、それぞれの書籍に書かれた内容が有機的に結びつき、体系的に整理して理解することができます（図6）。

体系的に理解することができれば、「仮説を広げるなら→ラテラルシンキング」「仮説を検証するなら→ロジカルシンキング」など、暗記を越えた「運用能力」が身についていきます。

これは、まったく別のタイミングで読んでいては、なかなかできないことでしょう。

第三章

10倍読書
［前篇］

視点を増やす「視点読書」

なぜ、「視点」が重要なのか？

「視点」は思考のスタートラインである

第三章では「視点読書」の具体的な方法についてお伝えしていきましょう。再度、次の方程式を思い出してください。

何を考えるべきか？（視点）×どう考えるべきか？（法則）＝あなたなりの結論

「視点読書」は、この方程式の前半部分に当たります。「視点読書」の具体的な方法の前に、まずは「視点とは何か？」について、筆者なりの定義をお伝えしておきましょう。

視点とは：どの側面に焦点を当てて物事をとらえているか？　という着目しているポ

イント。

ここで気をつけたいのは、物事には多様な側面があるにもかかわらず、多くの人は「多様な側面がある」ことに自覚的になれず、1つの側面から見た「視点」に囚われがちな点です。人は誰しも、「視点」を通してしか物事を考えることができません。別の言い方をすれば、「何を考えるか？」は視点が決めてしまうといえます。

どのような思考プロセスにも必ず、

①**視点**：まずは視点を置き、
②**法則**：その視点を起点にしながら「ああなれば→こうなるだろう」と考え、
③**結論**：結論を出す。

という流れをたどります。

つまり、人は何らかの「視点」を置かないかぎり、思考はスタートせず、思考がスタートしなければ、結論を出すことはできないのです。

そしてその結論は、「あなたがどの視点で物事を見ているか？」に支配されてしまうのです。

「視点」はあなたが見ている世界を決定づける

世の中に存在するさまざまな物事には、必ず多様な側面があります。「視点を自由自在に操る力」が乏しければ、物事の多様性に気づくことができず、1つの側面だけを見て理解したつもりになってしまうでしょう。

一方で、世の中には観察力が鋭い人が存在します。

あなたも「観察力が鋭い人」を見て、「どうして自分はそれに気が付かなかったんだろう?」と悔しく感じたり、「すごい着眼点だなあ」と感心した経験があったはずです。この「観察力」の正体こそが「視点の多さ」なのです。数多くの視点を持っている人は、たとえ同じ状況を眺めていたとしても、「気づくこと」や「気づきの量」が格段に違います。

視点の数は、あなたの認識自体、「あなたが見えている世界そのもの」を、致命的に決定づけてしまうといっても過言ではありません。

なぜなら、人は誰もが「自分の視点」を通してしか、世界をとらえ、考えることができないからです。

あなたが多くの視点を持ち、視点を自由自在に操ることができれば、「今、目の前にある世界」の見通しをクリアにし、その世界を広げ、これまで気づけなかったことが見えるようになります。
一つひとつの物事の輪郭をはっきりさせ、輪郭の内側の解像度を高めてくれるのです。

「視点」は「イシュー」を決める

「イシュー」という言葉をご存じでしょうか？
「イシュー」とは、ビジネスにおいて次のことを意味します。

イシューとは：白黒つけるべき重要な問題。

イシューについては、経営学の父として名高いピーター・ドラッカーが興味深い発言をしています。

> 経営における最も重大な過ちは、間違った答えを出すことではなく、間違った問題に答えることだ。

「イシュー」を間違うということは、白黒つけるべき問題を間違うことを意味します。白黒つけるべき問題を間違えれば、解いた答えも当然間違うことになるでしょう。

だとすれば、物事を考える際に最も重要なのは「問題を正しく解くこと」以前に、「白黒つけるべき問題を見極めること」です。

そして、「白黒つけるべき問題」を考える際に必要となるのが「視点の多さ」です。

たとえば、あなたの会社が売上の低迷に悩んでいるとしましょう。当然、あなたが考えるべきことは、「どうしたら売上を上げることができるか?」になるはずです。

では、「売上を上げる」ために、あなたはどのような「イシュー」を設定するでしょうか?

たとえば、次のような「イシュー」が設定できるはずです。

イシュー①：顧客数を増やせるか?

イシュー②：客単価を上げられるか?

イシュー③：購入頻度を増やせるか?

売上とは、「顧客数×客単価×購入頻度」で決まりますから、このどれかを上げれば、売上は上がることになります。

これらのイシューを設定できたのは、次の3つの「視点」があったからです。

●「顧客数」という視点。
●「客単価」という視点。
●「購入頻度」という視点。

しかし「視点」を変えることで、同じ対象を見ていても、まったく別の側面が見えてくることがあります。

たとえば、売上を上げるための「イシュー」は、次のように設定することもできます。

イシュー④：市場規模を広げられるか？
イシュー⑤：市場シェアを増やせるか？

売上は「市場規模×市場シェア」でも定義できます。だとすれば、「市場規模を広げる」か、あるいは「市場シェアを増やす」ことでも売上を上げることができるでしょう。

むしろ、先ほどの「顧客数×客単価×購入頻度」に比べて、こちらのほうが俯瞰《ふかん》的な視座に立っているので、より戦略的な意志決定が可能になるかもしれません。

このように、「顧客数×客単価×購入頻度」という一側面だけに囚われず、「売上」という概念が持つ多様な視点を考えることで、「市場規模×市場シェア」というイシューを設定できるのです。

「視点」は「別の選択肢」を生み出してくれる

ロジカルシンキングでよく使われるフレームワークに、「ロジックツリー」があります。

ロジックツリーとは：問題をツリー状に分解し、論理的に原因や問題解決策を探す問題解決フレームワーク。

ロジックツリーの例は図7の通りです。

このロジックツリーでは、「売上」を「顧客数」「客単価」「購入頻度」という視点で分解し、さらにそれぞれの要素を「新規顧客」「既存顧客」という視点で分解しています。

多くのロジカルシンキングの書籍では、ロジックツリーをつくるうえで重要なのは次の2点とされます。

- ロジックツリーを左から右へ分解していく際の「論理の筋道」が正しいかどうか。
- ロジックツリーの縦方向に「モレ」や「ダブリ」がないかどうか。

図7　ロジックツリーの例

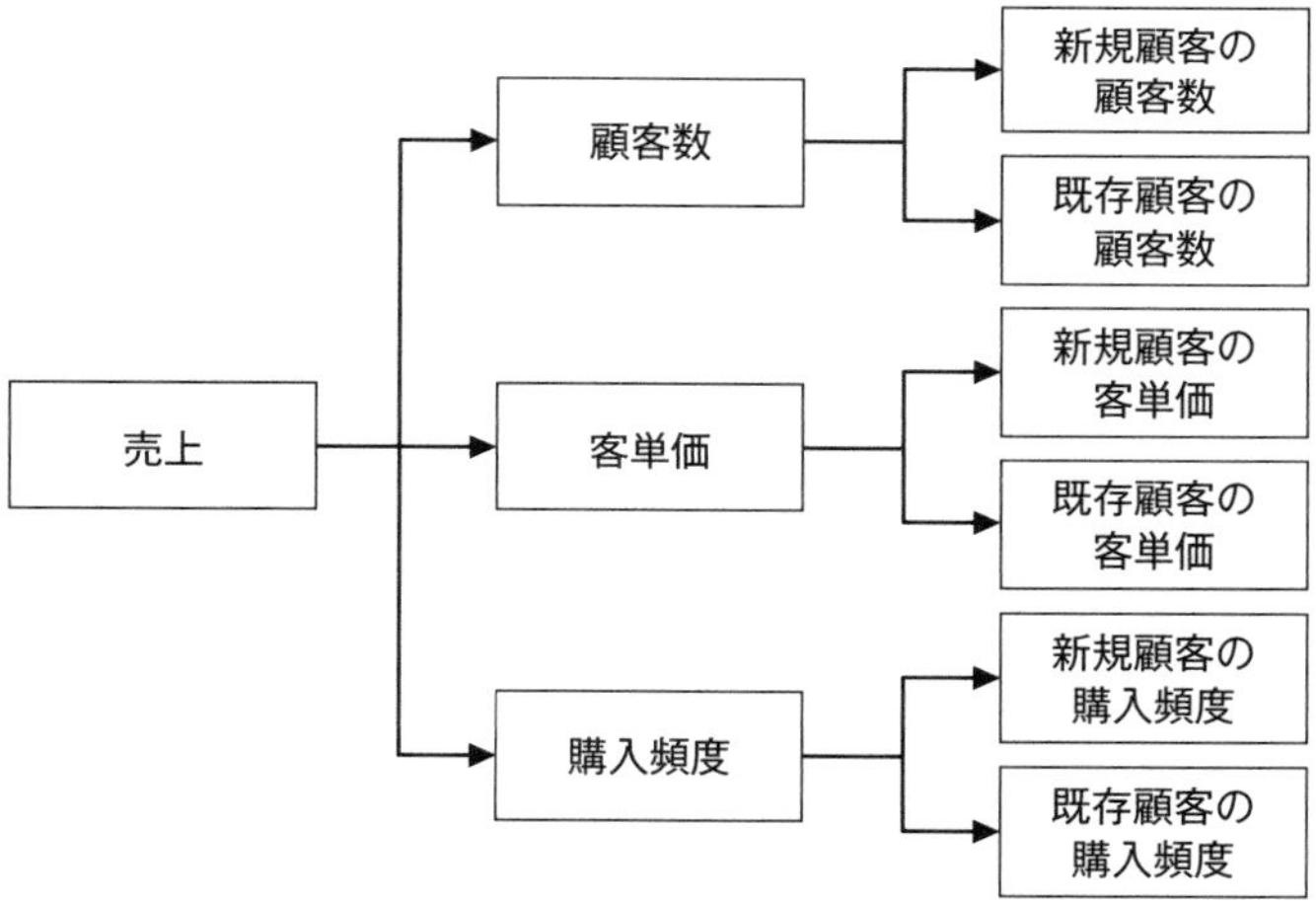

しかし、ロジックツリーを使いこなすうえで、真に重要なのは「論理の筋道」でも「モレ・ダブリ」でもありません。「視点」です。

たとえば、「売上低下の原因」を突き止めるために、ロジックツリーで分析したところ、次のような結果になったとしましょう（図8）。

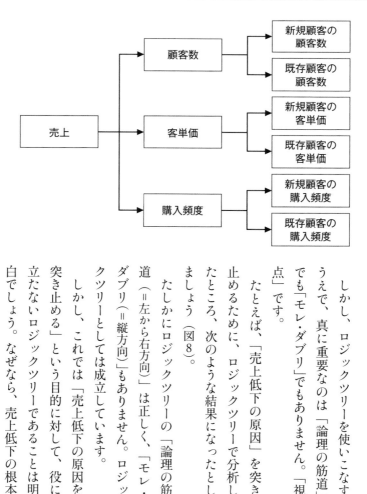

たしかにロジックツリーの「論理の筋道（＝左から右方向）」は正しく、「モレ・ダブリ（＝縦方向）」もありません。ロジックツリーとしては成立しています。

しかし、これでは「売上低下の原因を突き止める」という目的に対して、役に立たないロジックツリーであることは明白でしょう。なぜなら、売上低下の根本

図8　意味がないロジックツリーの例

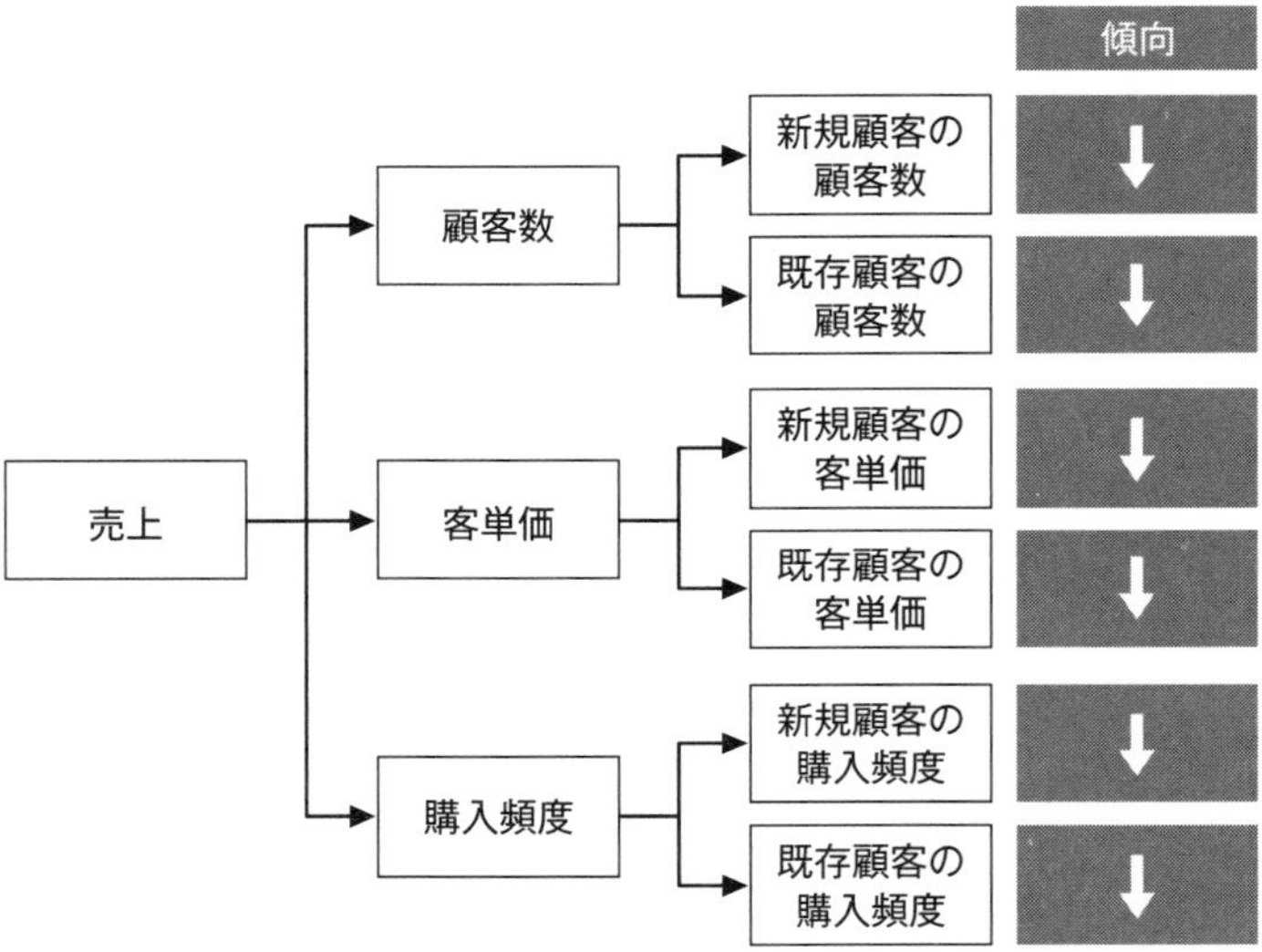

原因がわからないからです。

だとすれば、「ロジックツリーを分解する際の視点」を、次の例のように変えてみるとどうでしょう？（図9）

このロジックツリーでは、「売上」を「Ａ事業部の売上」「Ｂ事業部の売上」「Ｃ事業部の売上」という「事業部の視点」で分解し、さらに、それぞれの事業部の売上を「商品ａの売上」「商品ｂの売上」「商品ｃの売上」……など、「取り扱い商品の視点」で分解しています。

この視点で「売上の低下」という現象を分解してみると、「売上低下の原因は、Ａ事業部の

図9　意味があるロジックツリーの例

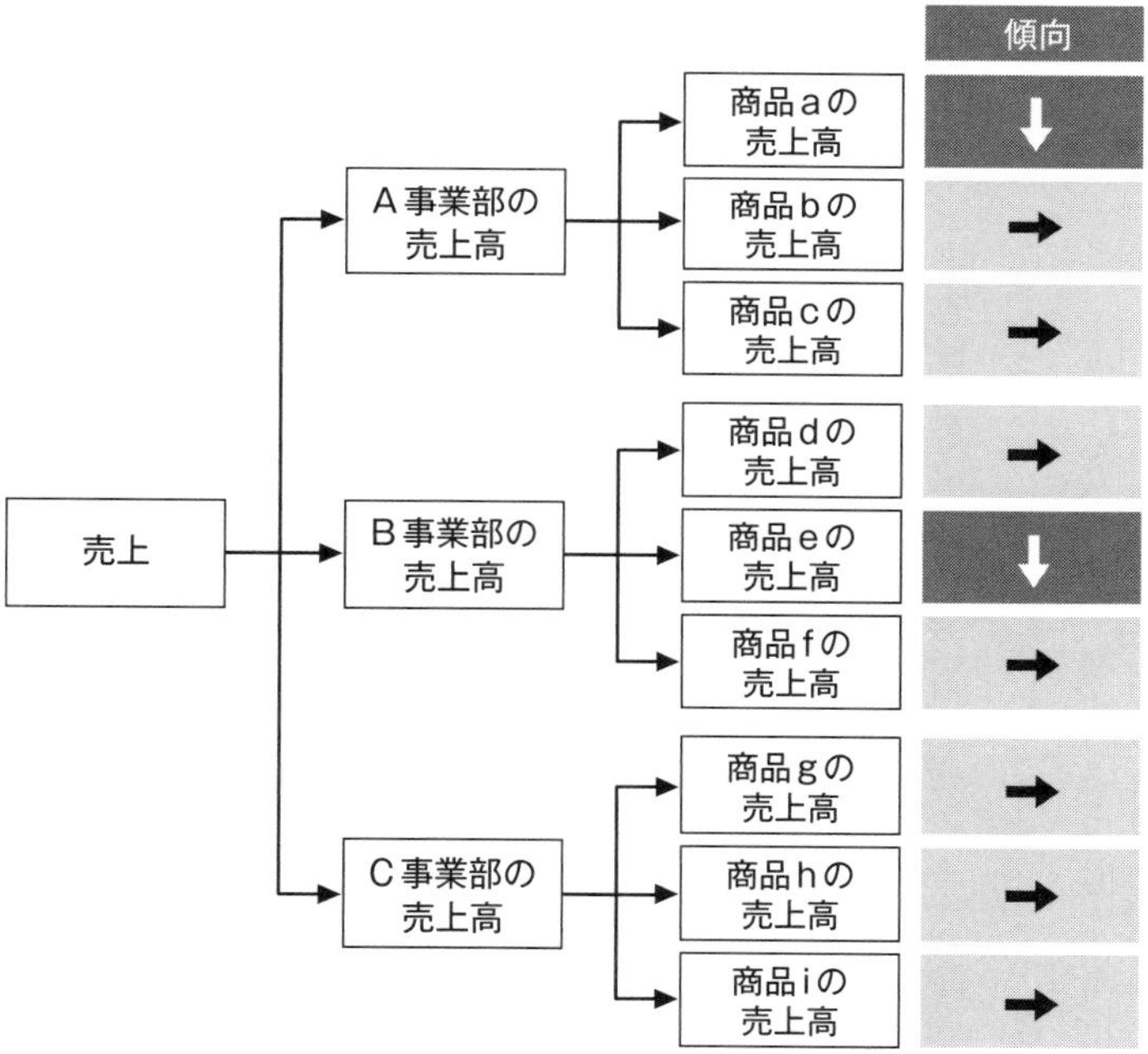

商品ａと、Ｂ事業部の商品ｅが原因だ」とわかるはずです。

先ほどのロジックツリーとの違いは、ロジックツリーを分解する際の「視点を変えた」ことであって、「論理の筋道を変えた」ことでも「モレ・ダブリをなくした」ことでもありません。

もし、このロジックツリーでも「売上の低下の原因」を突き止めることが難しければ、次のように分解して原因を突き止めることができるかもしれません。

- 地域別の「視点」で分解してみる。
- 顧客の年代層という

「視点」で分解してみる。


「視点」は、「あなたが何を考えるか？」を決めてしまいます。

視点を増やし、視点を自由自在に操ることができるようになれば、物事の多様な側面に気づき、次々と「別の選択肢」「別の可能性」を生み出せるようになるのです。

「視点」は「行き詰まった状態」を打開してくれる

「視点の数」や「視点を自由自在に操る力」は、時に行き詰まった状態を打開してくれます。

ある本で、次のような話を読んだことがあります。

ビルオーナーの悩みの話です。

そのビルオーナーは、テナントから「エレベーターの待ち時間が長い」というクレームに悩まされていました。この問題を解決するうえで考えやすいのは、エレベーターの待ち時間を制御するＡＩを導入し、最適化技術を通して待ち時間を減らすことでしょう。

しかし、この解決策は、大きな設備投資を覚悟することになります。

一方で「エレベーターを使う側の視点」でとらえ直すと、結論は大きく変わります。

「エレベーターを使う側の視点」に立てば、「エレベーターの待ち時間が長い」という問題は、

「エレベーターを待っている時間が無意味に感じること」ととらえ直すことができます。だとすれば、「無意味に感じる時間」を「有意義に感じる時間」に変えることができれば、大きな設備投資をせずに問題は解決するはずです。

事実、このビルオーナーは「エレベーターの横に鏡を置く」という施策で、エレベーターを待っている時間を、「無意味な時間」から「身だしなみを整える有意義な時間」に変え、クレームを大きく減らしたそうです。

また、別の例でもお伝えしておきましょう。

仮に、あなたが小児科医のＭＲＩ技師だったとしましょう。担当しているのは小児科ですから、当然小さな子供をＭＲＩで検査する機会が多くなります。

しかし、小さな子供はＭＲＩ機器を怖がってしまい、泣いて嫌がる子供もいるため、検査がはかどらずに悩んでいます。さて、どのような解決策があるでしょうか？

普通に考えれば、ＭＲＩ機器を怖がって泣いている子供に対して、「おもちゃを与える」「お菓子を与える」など、「子供をなだめすかせる」という発想が思い浮かぶでしょう。

しかし、次のような方法も解決策になりえます。

解決策：ＭＲＩ設備を「ジャングルのような子供の遊び場」に装飾してしまう。

多くの人はこの例題を示されると、無意識に「MRI検査技師の視点に立って」「どう子供をなだめすかして検査するか?」と考えてしまいます。

しかし、いったん子供の視点に立って、「怖がるどころか、喜んでMRI設備に飛び込みたくなるMRI検査とはどんなものか?」と視点を変えれば、解答例のような発想が出てきやすくなるのです。

このように「視点の多さ」や「視点を自由自在に操る力」は、ときに行き詰まった状態を打開してくれるのです。

「視点」は「0→1」を生み出してくれる

さらに、「視点の多さ」や「視点を自由自在に操る力」を使いこなすことができれば、人とは違う新しい「概念」を生み出すことができるようになります。

ビジネスの世界では、これを「0→1」と呼んだりします。

多くの人が「当たり前だ」と思っている既存の枠組みに、新しい「視点」を取り入れ、新しい「視点」を通して枠組み自体の形を変えていくことができれば、「0→1」を生み出すことが可能です。

たとえば、「モノを片づける」という行為について、あなたはどのようにとらえているで

写真1　「片付ける＝貼る」という新たな視点。

しょうか？　多くの人は「片づける＝本来、あるべき場所に置く」ととらえているのではないでしょうか？

この「置く」というのは、1つの視点ではあります。しかし、いったん「片づける＝置く」という視点を疑って「片づける＝置く」以外の視点はないか？　と考えてみましょう。つまり、「片づける＝置く」という枠組みの外側に目を向けてみるのです。

部屋を見渡すと、実はあまり役に立っていないデッドスペースがあることに気づきます。それは「壁」です。たとえば「リビングの壁」「寝室の壁」「廊下の壁」「脱衣所の壁」……。

だとすれば、「片づける＝置く」という枠組みに「貼る」という視点を付け加えれば、「片づける＝人間の手が届きやすい便利な場所に〝貼る〟」という新たな概念が生まれるかもしれません（写真1）。

こうして新たな概念を生み出すことができれば、新たな市場を生み出すことができます。これを、マーケティングの世界では「市場創造」と呼びます。

このように、これまで当たり前とされていた枠組みに「新しい視点」を加えると、枠組みそのものの形を変えることで「新しい概念」を生み出すことができます。そして「新しい概念」を生み出すことができれば、新しい市場を創造することが可能になるのです。

新しい「視点」で区切り直す

一方で、新しい視点を入れて、既存の枠組みを「区切り直す」ことでも、「0→1」を生み出すことが可能です。

たとえば、「自転車市場の区切り方」について考えてみましょう。一般的な自転車市場の区切り方は、次の通りではないでしょうか？

- 子供用の自転車市場
- ファミリー用の自転車市場（＝ファミリーサイクル）

- アウトドア用の自転車市場（＝マウンテンバイク）
- スポーツ用の自転車市場（＝クロスバイク）
- 折り畳み自転車市場
- 電動アシスト自転車市場

では、視点を変えて自転車市場を「プライベート用市場」と「業務用市場」で、「区切り直す」とどうなるでしょうか。

- ホームユーズ用の自転車市場
- 業務用の自転車市場

すると、次のようなこれまで光が当たっていなかった「新しい概念（＝市場）」を生み出すことができます。

業務用市場：ウーバーイーツで副業する人が使う「配達専用自転車」市場

ちなみに、現在ウーバーイーツで配達をしている人は、プライベート用の自転車に「スマホホルダーを付ける」「モバイルバッテリーホルダーを付ける」「リアキャリア（＝配達用バッグを載せる場所）を付ける」などのカスタムをしているようなので、もし、フードデリバリー市場が拡大したら、はじめから必要なパーツが標準搭載された「配達専用自転車」というジャンルが現れ、市場が拡大していくかもしれません。

このように「視点の多さ」や「視点を自由自在に操る力」は、人とは違う「概念（＝コンセプト）」を生み出す力に直結していきます。

別の言い方をすれば「視点の多さ」や「視点を自由自在に操る力」とは、誰もが当たり前だと思っている「とらえ方」や「区切り方」を疑い、「0→1を生み出す力」ともいえるのです。

ビジネス書から「視点」を発見する

「視点読書」のステップ１

ここからは、「10倍読書」の方程式の前半部分である「視点読書」について、具体的な手順をお伝えしていきます。

前節で「視点の数」や「視点を自由自在に操る力」の重要性を伝えましたが、反面、「視点読書は、すごく難しい読み方をしなければいけないのでは？」と思った方もいらっしゃるかもしれません。

しかし、「視点読書」のステップは、大きく分けて次の2つだけです。

「視点読書」のステップ１：ビジネス書から「視点」を発見する。

「視点読書」のステップ２：「発見した視点」を抽象化してとらえ直す。

用意するのはボールペン1本だけです。電子書籍派なら、ボールペンすら必要ありません。

セミナーや研修と異なり、いつでもどこでも実践できるのが魅力です。よって、事前準備に大きな労力を割くのではなく、ボールペン1本を片手に、気軽に実践してみてください。

では、「視点読書」のステップ1について説明しましょう。

まずは「視点」を意識しながらビジネス書を読み進めてみてください。いきなり、そういわれても戸惑うかもしれませんが、

「この文章には、どのような視点が隠されているのか？」

という質問をぶつけながら「視点を発見する感覚」で読み進めていくのがコツです。

視点読書 実例1

よりわかりやすく理解するために、具体例を示しましょう。

他の著者の文章を勝手に引用するのは申し訳ないので、拙著『無駄な仕事が全部消える超効率ハック』（フォレスト出版）から引用します（以下、『超効率ハック』と表記します）。

あらかじめ、本書がどのようなビジネス書なのかをお伝えしておくと、ビジネスを効率的

に進めるうえで必要な「頭のスイッチの切り替え方」を紹介している本です。

本書には、「うまく仕事の段取りを進めるにはどうすればいいか?」という内容を解説しているパートがあり、次のようなくだりがあります。

仕事の漏れや重複は、作業の一部分ばかりに視点が集中して「段取り全体」が見えていないときに起こります。まずは、「これから必要になる作業」をすべて洗い出しておきましょう。

この文章を読んで、ぜひ、

「この文章には、どのような視点が隠されているのか?」

という質問をぶつけてみてください。

ここで注意したいのは、正解も不正解もないことです。「視点」は人の数だけ無限にありますし、あくまで目的は「視点を増やしていく」ことですから、「正解か、不正解か」を考え込むのではなく、「この文章に隠されているのは、○○という視点かもしれない」という気楽な感覚で探しに行くのがコツです。

筆者の場合、この文章に隠されている「視点」は、「段取り全体の視点」と「部分的な作業の視点」だととらえました。

- 「段取り全体」の視点
- 「部分的な作業」の視点

これ以外に、あなたなりに「視点」を発見できたら、迷わずにビジネス書の文章部分にアンダーラインを引き、余白に発見した視点とメモを書き加えてください。

第五章で説明しますが、後々このメモが大きな役割を果たすことになります。

✝この段階では法則に気づかなくてもＯＫ

ここで勘がいいあなたなら、

段取り全体を意識すると↓仕事の漏れや重複が起きにくい。
部分的な作業にだけ集中すると↓仕事の漏れや重複が起きやすい。

という「法則」に気づいたかもしれません。もちろん、この時点で「法則」を発見できたら、迷わず本の余白スペースにメモをしておきましょう。

しかし、「法則」を発見できなかったとしても心配はいりません。「10倍読書」の基本は、「視点読書」「法則読書」の2回読みです。「法則」の発見は後ほどお伝えする「法則読書」に回せるので、1回目は「この文章には、どのような視点が隠されているのか？」に意識を集中してください。

せっかく買ったビジネス書に、マーカーやメモを書き込むのに抵抗感があるという人もいるかもしれません。しかし、「10倍読書」の世界では、ビジネス書は「本」ではありません。学びを10倍にするための「思考ドリル」という位置づけです。

したがって、「本」を「本」としてとらえるのではなく、「あらかじめ文字が印刷された、未完成の思考ドリル」ととらえて、「本とあなたの協働作業を通して完成させていくもの」と考えて、どんどん書き込んでいきましょう。

視点読書　実例2

より理解を深めるために、もう1つ別の例を示しましょう。

次の文章は『超効率ハック』の中で、「会議を効率的に進めるには、どうすればいいか？」を解説しているパートの一部です。

たとえば、「おいしいステーキをつくる」にしても「おいしいステーキとはレアなのか？　ミディアムなのか？　ウェルダンなのか？」によって「どこまで焼けばいいのか？」は変わります。これを会議に置き換えれば、「会議の目的は〇〇について意見を出すこと」だけでは、どこまで意見を出せば終わりなのかがわかりません。しかし、「ゴールの達成水準」を明確にできれば、「どのような状態に持ち込めば会議は終わりなのか？」を共有できるため、会議のメンバーはそのゴールに向かって「何をどれくらい議論すればいいのか？」の心構えができるようになります。

こちらの文章についても、

「この文章には、どのような視点が隠されているのか？」

という質問をぶつけてみてください。もちろん、「正解・不正解」にこだわらずに「この文章に隠されているのは、こういう視点かもしれないな」という気軽な感覚で大丈夫です。

筆者の場合、この文章に隠されている視点は次の2つだととらえました。

・「会議の目的」の視点
・「会議の目標」の視点

多くの企業では、「会議の目的」は設定されていても、「会議の目標（＝達成水準）」の設定はおろそかになっているのではないでしょうか。これまであなたの中に、「会議の目標（＝達成水準）を設定する」という視点がなかったとしたら、読書を通して「新たな視点を獲得した」といえるでしょう。

さらに、この例から「視点」だけでなく、「法則」を発見するとすれば、

会議の目的を設定すれば↓「何を議論すればいいのか？」が明確になる。
会議の目標を設定すれば↓「どこまで議論をすればいいか？」が明確になる。

ということでしょう。

ここでも、「視点」や「法則」が発見できたら、迷わずにその文章にアンダーラインを引いて、余白にメモを取ることを忘れないようにしてください。

視点読書　実例3

次の文章は『超効率ハック』の中で「仕事の生産性を高めるには、どうすればいいか？」をお伝えしているパートの一部です。

残念ながら、「がんばること＝仕事の量」というとらえ方には限界があります。自分のがんばりを認めてもらうためには、際限なく仕事量を増やしていかざるをえなくなるからです。したがって、「がんばること＝仕事量」と考えるのではなく「がんばること＝仕事の質」ととらえ直し、仕事の質を上げることで「がんばらなくてもすむ状態」を目指す必要があります。

もしかしたら、そろそろ「視点を発見する」ことに慣れてきたころかもしれません。
しかし、くどいようですが、こちらの文章についても、

「この文章には、どのような視点が隠されているのか？」

という質問をぶつけてみてください。
この文章の中に隠されている「視点」は何か？　筆者は「仕事の量の視点」と「仕事の質の視点」だととらえました。

- 「仕事の量」の視点
- 「仕事の質」の視点

そして「法則」は、

仕事の量を増やそうとすると↓いずれ上限に行き着く。
仕事の質を上げようとすると↓がんばらなくてもすむ状態がつくれる。

となるでしょう。

「発見した視点」を抽象化してとらえ直す

「視点読書」のステップ2

続いて「視点読書」のステップ2は「視点を抽象化してとらえ直す」ことです。

第一章の「抽象化・法則化→具体化」のくだりで、次のようにお伝えしたことを覚えているでしょうか？

個別具体的なエピソードを抽象化し「幅広く応用できる〝概念〟に置き換えられないか？」と考えることができれば、応用範囲が広がる。

この考え方を、そのまま「視点読書」に応用します。

「視点」をより抽象的な〝概念〟に置き換える〈1〉

前節で、拙著『超効率ハック』から次の文章を引用しました。

> 仕事の漏れや重複は、作業の一部分ばかりに視点が集中して「段取り全体」が見えていないときに起こります。まずは、「これから必要になる作業」をすべて洗い出しておきましょう。

そして、この文章から「視点」として、次の2つの視点を発見しました。

- 「段取り全体」の視点
- 「部分的な作業」の視点

同時に、文章にアンダーラインを引き、余白にメモも残っているはずです。

しかし、このままでは「段取り」という「特定のシーンでしか使えない視点」にとどまってしまいます。

そこで、「段取り全体の視点」と「部分的な作業の視点」という2つの視点に対して、「抽象化の質問」をぶつけます。

「幅広く応用できる〝概念〟に置き換えられないか？」

気をつけてほしいのは、この「抽象化」にも正解・不正解はないことです。「概念」も人の数だけ無限に存在しますし、あくまで目的は「幅広く応用できる〝概念〟に置き換える」ことですから、「段取り」という「特定のシーン」から離れて、応用範囲が広い概念になっていれば、どのようなものでも大丈夫です。

筆者の場合、シンプルに

「段取り全体」の視点→「全体」の視点
「部分的な作業」の視点→「部分」の視点

という概念に置き換えてみました。このように、「段取り」という特定のシーンから離れて一般的な意味に置き換えれば、「段取り以外にも応用できる視点」に変換することができます。

この時点で本書の余白には、

「段取り全体」の視点→「全体」の視点

「部分的な作業」の視点↓「部分」の視点

というように、「↓」の後に抽象化した後の視点を書き加えておいてください。こちらも、後ほど重要な役割を果たします。

✝視点を応用して使う ①情報収集

続いては、応用です。

「全体の視点」と「部分の視点」を何に応用できるか？　について考えてみましょう。

まずは、「情報収集」という作業に応用することを考えてみます。

もし、あなたの中に「全体の視点」と「部分の視点」がなかったとしたら、あなたは「情報収集の全体像」を考えることなく、いきなり絨毯《じゅうたん》爆撃的に情報収集をはじめてしまうかもしれません。

すると、「何をどこまで情報収集すべきか？」という「全体」がわからずに情報収集をはじめてしまうことになるので、終わりが見えず「いつまでも情報収集が終わらない」という状態に陥ってしまうことになりかねません。

しかし、すでに「全体の視点」「部分の視点」を手に入れたなら、事前に「収集すべき情報の全体像は何か？」に思いを馳せることができるはずです。そうすれば、「何を」「どこまで」情報収集すべきか？　という「全体」を定義したうえで、モレなく重複のない形で「部分」に分けていくことができるので、効率的な情報収集ができるようになるでしょう。

†視点を応用して使う　②資料作成

さらに理解度を深めるために、次は「資料作成」という作業に「全体の視点」と「部分の視点」を応用することを考えてみましょう。

資料を作成する際に「資料の全体構成」を考えずに、いきなり個別のページをつくりはじめてしまうと、いざ全体を通してみたときに、モレがあったり重複が生じたりすることがあります。

また、前半と後半で辻褄《つじつま》が合わなくなってしまったりするのは、資料作成の「あるある」ではないでしょうか？

しかしここでも、「全体の視点」「部分の視点」を取り入れて、事前に資料の全体構成を考えたうえで各ページに分解していけば、内容のモレや重複が生じることはないでしょう。また、「前半と後半で辻褄が合わなくなる」ということもなくなるはずです。

†視点を応用して使う　③マーケティング

さらに別の例として、今度は「マーケティング」に応用することを考えてみましょう。

もし、あなたがエステ企業のマーケティング担当者だったとしたら、競合のエステ企業の動向について、常に情報収集をしておく必要があるはずです。

しかし、ここで「全体の視点」「部分の視点」というフィルターで「エステ市場」をとらえ直したら、あなたの行動はどう変わるでしょうか？

エステ企業のマーケティング担当者であるあなたにとって、「全体」とは「エステ市場全体」を指すはずです。そして、あなたが勤務するエステ企業や、ライバルのエステ企業は市場全体を構成する一部であることから、「部分」に当たるでしょう。

しかし、もし「エステ市場」を「全体」と定義するのではなく、「部分」としてとらえ直した場合に、「全体」はどう再定義できるでしょうか？

「エステ市場」を「部分」だとすると、「全体」は「美容市場」としてとらえ直せるかもしれません。だとすれば、あなたが勤務するエステ企業に影響を与え、今後脅威となっていくのは「競合のエステ企業」だけでなく、美容市場で存在感を発揮している「スキンケア企業」や「美容家電企業」も含まれるのかもしれません。

だとすれば、あなたは「エステ市場の動向を情報収集する」だけでは足りないことに気がつくはずです。

「全体の視点」「部分の視点」を手に入れたあなたは、今後は市場を広くとらえ直し、「スキンケア業界」や「美容家電業界」についても情報収集をすることになるでしょう。

ここまでをお読みになって、鋭いあなたならお気づきになったかもしれません。「全体の視点」と「部分の視点」をさまざまな分野で応用していく中で、あなたは「ああなれば↓こうなりやすい」というふうにいくつかの「法則」を発見しているはずです。

たとえば次のような法則です。

> 「全体」を定義したうえで個別に分解していくと↓モレや重複が生じず、物事がスムースに進みやすい。
> 「全体」だと思っていたことを「部分」としてとらえ直すことで↓新たな「全体」の発見につながりやすい。

このように、ビジネス書に書かれた「視点」を抽象化する力を手に入れれば、ビジネス書に直接書いてある「段取りの話」という狭い枠を越えて、応用範囲が大きく広がっていくことが理解できるのではないでしょうか。

これは、言い方を変えれば「ビジネス書に書いてある内容以上の学び」が得られたことを意味します。これこそが、ビジネス書からの学びを10倍にする「10倍読書」の真骨頂なのです。

「視点」をより抽象的な〝概念〟に置き換える〈2〉

さらに、前述した次の例文についても、説明を加えておきましょう。

たとえば、「おいしいステーキをつくる」にしても「おいしいステーキとはレアなのか？　ミディアムなのか？　ウェルダンなのか？」によって「どこまで焼けばいいのか？」は変わります。これを会議に置き換えれば、「会議の目的は○○について意見を出すこと」だけでは、どこまで意見を出せば終わりなのかがわかりません。しかし、「ゴールの達成水準」を明確にできれば、「どのような状態に持ち込めば会議は終わりなのか？」を共有できるため、会議のメンバーはそのゴールに向かって「何をどれくらい議論すればいいのか？」の心構えができるようになります。

そして、発見した「視点」は次の2つです。

- 「会議の目的」の視点

● 「会議の目標」の視点

こちらも、このままでは「会議」という特定のシーンでしか使えない視点になってしまっています。そこで先ほどと同じように、

「幅広く応用できる〝概念〟に置き換えられないか？」

という質問をぶつけます。筆者の場合、やはりシンプルに、

「会議の目的」の視点→「目的」の視点
「会議の目標」の視点→「目標」の視点

と置き換えてみました。
するとあなたは、「目的の視点」と「目標の視点」というフィルターを通して、目の前の世界をとらえることができるようになります。

✝視点を応用して使う ④ 情報収集

こちらも、先ほどと同じように「情報収集」を例に、応用の仕方を考えてみましょう。「目的」とは、別の言い方をすれば「何のためにがんばるか」です。そして「何のためにがんばるか」がわからなければ、「何をがんばればいいか」がわかりません。

これを「情報収集」に応用して考えると、「何のための情報収集なのか」がわからなければ、そもそも「どのような情報を集めればいいか」すらわからないという状態になります。そして、「どのような情報を集めればいいか」がわからなければ、そもそも情報収集をはじめようがありません。

つまり、情報収集における「目的」とは「どのような情報を集めればいいか」という「情報収集の内容」を決定づけるものであることがわかります。

一方で「目標」とは「目的に対する達成水準」のことを指します。情報収集の達成水準が明確でなければ、「どの水準まで、情報を集めればいいか?」がわからなくなるので、「どの程度の労力や時間を割くべきか?」を事前に見積もることができません。

すると、必要以上に情報収集をしたり、あるいは求められている水準には及ばない情報収集に留まってしまい、やはり情報収集の作業は迷走してしまうことになるでしょう。

しかし、「目的の視点」と「目標の視点」を獲得しているのであれば、情報収集すべき量の水準がイメージできるようになり、無駄な作業を減らすことができます。

†視点を応用して使う　⑤資料作成

さらに、先ほどと同じように「資料作成」にも応用して考えてみましょう。

資料作成の「目的」が不明瞭であれば、「何のために資料をつくるのか?」がわからなくなり、結果、「どのような資料をつくればいいか?」もわからなくなります。

すると、「資料に盛り込むべき内容」がわからないまま資料作成を進めることになるので、「今手元にある情報は、すべて資料に盛り込もう」という意識になりやすくなります。その結果、資料の内容は総花的になり、何を伝えたい資料なのかがわからなくなってしまうでしょう。

また、資料作成の「達成水準」がわからなければ、「資料の分量はどの程度が適切なのか?」「資料の詳細度はどの程度が求められているのか?」などの「終わり」が見えないまま資料作成をすることになるので、資料作成業務は「終わりが見えない業務」になってしまうことは想像に難くありません。

しかしこちらも、すでに「目的の視点」と「目標の視点」を獲得したあなたなら、未然に防ぐことができるはずです。

「視点読書」で得られる、さまざまな「視点」

筆者が「視点読書」で得た重要な「視点」

ここまで読んで、「視点読書」の手順はイメージしていただけたと思います。「視点読書」のカギは、ビジネス書の内容を暗記するのではなく、ビジネス書で発見した「視点」を抽象化し、応用範囲を広げることでアウトプット先を何倍にも広げることです。

アウトプットのしやすさは、「どれだけ役に立つか？」という再現性と、「どれだけ応用範囲が広いか？」という汎用性の掛け算で決まります。この両方を兼ねるのが「視点読書」です。

本章では「視点の増やし方」や「視点の操り方」の説明に重きを置いているために、視点そのものに関しては、ごくごく限られた内容しか紹介することができませんでした。

したがって本章の最後に、一部ではありますが、筆者がこれまでに「視点読書」から得たいくつかの視点の中で、特に大切だと思えるものを紹介します。

†「目的」の視点と「手段」の視点

あらゆる物事は「目的」に対して「手段」が存在します。「手段」だけが独立して存在することはありえません。

しかし「手段の目的化」は多くの職場で見られる「あるある」です。「手段の目的化」を防ぐためには、物事を考える際に、今考えているのは「目的なのか、それとも手段なのか」について自覚的になり、自由自在に切り替える視点を持つことです

もし、「今考えているのは手段のことだ」と感じたら、「その目的は何だろうか」と視点を変え、逆に「目的のことだ」と感じたら、「その手段は何だろうか」と視点を変えてみましょう。

目的は、あなたの向かう方向を決めます。手段は、その方向にスピードを加速させる役割を担います。

この「目的の視点」と「手段の視点」を自由自在に切り替える力が身につけば、手段が目的化することなく、ブレない実行力を手に入れることができるはずです。

†「現象」の視点と「原因」の視点

人は、ややもすれば目に見える「現象」に目を奪われがちです。

しかし、目の前で起きている物事は、それらを引き起こしている原因が存在します。

もし、「現象」と「原因」の間にある因果関係を見極めることができれば、意図的に「原因」を生じさせることで、「現象」を引き起こすことができるようになります。

逆に意図的に「原因」をなくすことができれば、「良くない現象」を起こさないようにすることも可能になるでしょう。

あなたが何らかの現象に気づいたとしたら、それを引き起こしている「原因」を見極める視点を持ちましょう。

逆に、「今、目の前で起きている現象が、何らかの原因になりえるとしたら？」という仮定を置き、今後起こりえることを予測する視点を持ってみましょう。

「現象」という視点と「原因」という視点を、自由自在に切り替える力を持てれば、「目に見えない因果関係」を見抜くことができるようになるはずです。

†「質」の視点と「量」の視点

人は物事を見比べるときに「量の視点」だけで見比べやすいものです。

しかし、「量の視点」だけでなく、「質の視点」で物事を見比べると、未来に向けた多くの気づきを得やすくなります。

なぜなら、物事はまず「質の変化」が起き、その「質の変化」が「量の変化」を引き起こす「前後関係の構図」になっていることが多いからです。

だとすれば、「量の違い」から「質の違い」に視点を切り替えることができれば、その変化を注意深くモニタリングすることで、人に先駆けて「変化の兆候」を見抜けるようになるはずです。

その結果、周囲に先駆けて手を打つことが可能になります。

†「異質」の視点と「類似」の視点

複数の物事は、見比べてみると「異質な部分」と「類似の部分」に分けることができます。「異質な部分はどこか？」という視点を持てれば、「そのものらしさ」を特徴づける「違い」を認識することで、「オリジナリティ」や「付加価値」を発見することができるようになるでしょう。

一方で、「似ている部分はどこか」という視点は、異なる物事にもかかわらず共通している部分であることから、それらを成り立たせるうえで必要不可欠な「本質的な価値」を見抜くことができます。

そして「抽象化」や「具体化」を駆使して、「本質的な価値」を別の分野に応用できれば、自分が見える世界を格段に広げられるようになります。

ぜひ、物事を見比べる際に、「異質」と「類似」という両方の視点で観察してみましょう。

†「効果」の視点と「効率」の視点

「効果」は、ただそれだけを伸ばそうとするなら投入資源を増やせば済みます。投入資源を2倍にすれば、今よりもほぼ確実に効果は上がるでしょう。

しかし、投入資源を2倍にしたにもかかわらず、効果が1・5倍に留まったとしたら、「効果は上がった」ものの「効率は落ちた」ことになります。逆に投入資源を2倍にしたことで効果が2・5倍になったとしたら、「効果も効率も上がった」といえるでしょう。

効果そのものは、「投入資源の量」に大きく依存するものの、効率は「工夫の度合い」に依存します。

単に「効果」だけを追い求めれば、投入資源の量が多いものが勝ってしまいますが、「戦略」とは「集中と選択」であって、投入資源の効率を高める「工夫の度合い」のことです。

だとすれば、「効率」は、あなたの戦略の有効性をはかるバロメーターといえます。

優れた「戦略」を策定したいなら、単に「効果の視点」だけで物事を見るのではなく、「効率」という視点も持ち合わせておきましょう。

†「有形」の視点と「無形」の視点

物事には、「有形」のものと「無形」のものが存在します。ビジネスパーソンであれば、すぐに思いつくのは「有形資産」と「無形資産」でしょう。

土地や建物などの有形資産は「形のある」資産であり、企業のバランスシートに記載されている資産です。明確に認識しやすいため、市場に流通しやすく、マネジメントもしやすい資産といえるでしょう。

一方で、企業文化やブランドなどの無形資産は、「形のない」資産であるため、目に見えにくく、明確に認識しにくいものです。その結果、市場に流通しにくく、マネジメントもしにくい資産といえます。

こう見ると、無形資産は非常に扱いづらい資産に思えますが、うまくマネジメントすれば絶大な競争力をもたらしてくれます。

なぜなら、有形資産は、使えば使うほど価値が減る資産であるのに対し、企業文化やブランドなどの無形資産は、使えば使うほど価値が増していく資産だからです。

また、無形資産の性質である、「目に見えないこと」「市場に流通しにくいこと」「マネジメントしにくいこと」は、裏を返せば希少性が高く、真似することが難しい競争力の源泉となりえることを意味します。

現在、日本国内ではモノがあふれていますが、これからは「知恵」で戦っていく時代です。そうであれば、必然的に無形資産の重要性は高まっていくことでしょう。

これまで「目に見えるものの価値」しかとらえ切れていないなら、これを機に「目に見えないものの価値」を見抜く習慣をつけましょう。

†「演出」の視点と「仕組み」の視点

「演出」は人の気持ちに変化をつくり、「仕組み」は持続可能な基盤をつくります。

ことビジネスとなると、「優れた仕組み」に視点が向きがちですが、時に「心に響く演出」が人々の気持ちを動かすことがあります。

たとえば、単なる「初回割引チケット」という仕組みも、「演出」という視点を取り入れ、「旅」をモチーフにデザインを施せば、「あなたを新しい世界に導くパスポート」という物語性を打ち出すことができます。

あるいは、単なる「商品の詰め合わせ」も、遊園地をモチーフに装飾を施せば、人々の遊び心をくすぐることができるでしょう。

単に、「仕組みの視点」だけで物事を考えると無味乾燥なものになりがちですが、そこに「演出」という視点を加えることで、より人々の心を動かせるものに変わります。

†「ポジティブ視点」と「ネガティブ視点」

物事は、視点次第でポジティブにもネガティブにも変わります。

たとえば、「自社は小売店に対する支配力が弱い」というネガティブな話を耳にしますが、これをポジティブな視点でとらえれば、「直販に対するしがらみが少ない」ともいえます。

また、「自社は企業規模が小さい」というネガティブな視点も、ポジティブな視点に解釈し直せば、「意思決定や実行のスピードが速い」ということになります。

このように、一見「ネガティブ」と思えるものも、視点を変えるだけで「ポジティブに変わる」ことは、往々にしてあることです。

さまざまな物事に対して弱点を見つけたら、「ポジティブにとらえ直してみる」視点を取り入れてみてください。思わぬ打開策が見つかるかもしれません。

✝「増やす」視点と「減らす」視点

物事には「増やしたほうがいいこと」と「減らしたほうがいいこと」が存在します。

たとえば、「情報」を例にとった場合、情報の精度という視点では「増やしたほうがいい」のですが、情報の伝わりやすさという視点では、できるだけ情報を減らし、「シンプルにしたほうがいい」という判断になるでしょう。

また、「人材」という視点でも、労働集約型の単純作業なら、人を「増やす」ほうが作業を早めに終わらせることができますが、知的労働や高度な意思決定の場合は、人を「減らす」ほうが有益な場合も多いものです。

人は、物事を考える際に、つい「増やす」方向に視点が向きがちですが、同時に「減らす」という「引き算の視点」も持ち合わせておきましょう。「減らす」ことで物事をシンプルにし、生産性を高めることもあるからです。

✝「多様性」の視点と「統一性」の視点

これからの時代は「多様性が重要だ」といわれます。そんな時代に持っておきたいのが、「多様性の視点」と「統一性の視点」です。

人間の思考は固定化しやすいようにできています。なぜなら人間の脳は、入ってくる情報に対して思考を整理し、体系化しようとする性質があるためです。

そして、思考の体系化が繰り返されると、それらはやがて「パターン」として固定化していきます。さらには、固定化されたパターンが思考習慣となり、視野を狭くしていくのです。

しかし、多様性の視点を持つことができれば、多様なメンバーから多くの視点を受け取ることができるようになります。その結果、固定化しがちな思考パターンは常に「矯正」され、多面的なものの見方ができるようになるでしょう。

しかし、多様性のメリットを活かすには、逆説的ですが「統一性の視点」も必要になります。なぜなら多様性は、単にそれだけでは「無目的な群衆」を生み出すだけで、「カオスな世界」を形づくってしまうからです。

チームメンバーのバックグラウンドは多様であるべきです。しかし一方で、多様なバックグラウンドを持つメンバーを1つにまとめるには、目指すべきビジョンや目的、価値観は統一されている必要があります。

「多様性」の視点だけでなく、同時に「統一性」の視点があれば、チームが向かう方向が一致し、多様性を活かしながら創造的な問題解決に結びつけることができるようになるはずです。

第四章

10倍読書【後篇】

法則を増やす「法則読書」

再度、次の方程式を思い出してください。

何を考えるべきか？（視点）×どう考えるべきか？（法則）＝自分なりの結論

本章では、この方程式の後半である「どう考えるべきか？（＝法則）」の重要性と、具体的な読書法についてお伝えしてきましょう。

突然ですが、ここで質問です。

あなたは「法則」と聞いて、何をイメージするでしょうか？　巷の書店を訪れると、タイトルに「法則」がついたビジネス書であふれています。ざっと挙げるだけでも、次のようなビジネス書が存在します。

『「原因」と「結果」の法則』（サンマーク出版）
『非常識な成功法則』（フォレスト出版）
『ビジョナリー・カンパニー 弾み車の法則』（日経ＢＰ）
『伝わるプレゼンの法則１００』（大和書房）
『伝わる文章が「速く」「思い通り」に書ける87の法則』（明日香出版社）
『世界のトップを10秒で納得させる資料の法則』（三笠書房）

『人前であがらずに話せる100の法則』（日本能率協会マネジメントセンター）
『質問型営業でトップセールスになる絶対法則』（ダイヤモンド社）
『コトラーのマーケティング4・0スマートフォン時代の究極法則』（朝日新聞出版）
『はじめての不動産投資成功の法則』（幻冬舎）

試しにアマゾンの「ビジネス・経済カテゴリー」で、「法則」というキーワードを検索すると、3000件以上ヒットします。それだけ、「法則」はビジネスパーソンの心を惹きつけるのでしょう。

一般的に「法則」とは「一定の条件下で、物事の間に成立する普遍的、必然的関係」のことを指しますが、本書では次のような因果関係として考えます。

法則とは：「ああなれば➡こうなりやすい」という因果関係

正確にいうと因果関係ではないものもありますが、本書ではわかりやすさを優先して「ああなれば➡こうなりやすい」という必然的関係を因果関係として定義しています。

なぜ、「法則」が重要なのか？

「法則」は「どう考えるべきか？」を決める

第三章では、「何を考えるべきか？」の起点となる「視点」の重要性についてお伝えし、その後に「視点読書」の手順について説明しました。

第四章では、「どう考えるべきか？」の助けとなる「法則」をストックしていく重要性に触れ、その後に「法則読書」の手順について説明したいと思います。

さて、第三章の「視点読書」では、どのような思考プロセスも必ず、次の流れをたどることをお伝えしました。

①視点：まずは視点を置き、

②法則：その視点を起点にしながら「ああなれば↓こうなるだろう」と考え、

③結論：結論を出す。

人は「視点」を通してしか、物事を考えることができません。つまり、何らかの「視点」を置かないかぎり、「思考の出発点」にすら立てません。

一方で、「視点」を持てたとしても、その先にある「ああなれば→こうなるだろう」という予測を立てることができなければ、やはり適切な結論に至ることはないでしょう。

どのようなビジネスも未来に向かってなされる以上、「ああなれば→こうなるだろう」という「仮説」がビジネスの成否を左右します。

もし、「ああなれば→こうなるだろう」という法則がなければ、どのようなビジネスも、仮説がないまま行き当たりばったりになってしまいます。

また、考えた「ああなれば→こうなるだろう」が的外れなものであれば、ビジネスも的外れな方向に進んでしまい、最悪の場合、取り返しのつかないことになってしまうでしょう。

しかし、事前に「法則」を数多くストックしていれば、目の前で起きている現象に「法則」を当てはめることで、「的を射た」仮説を瞬時に導き出すことができるようになります。

つまり、個別に見える物事の間に法則性を見つけることで、実際に経験していないことも、ある程度は予測できるようになるのです。

的を射た仮説のための「法則」のストック

たとえば、あなたが次のような「法則」を知っていたとしましょう。

ある一定の方向に向かう「作用」があるときは↓逆の方向に向かう「反作用」が現れやすい。

これを食の分野に当てはめると、どのようなことが予測できるでしょうか？

食の世界は簡便化が進んでいるといわれます。そこで「作用があるときは↓反作用が現れやすい」という法則に当てはめれば、

作用＝食の簡便化
反作用＝食育

と考えることができるかもしれません。

「食の簡便化」が進めば進むほど、その危機感からくる「反作用」として、「食育が重視さ

れるようになる」と考えることができます。

別の例として、ＡＩについて考えてみましょう。

「作用＝ＡＩによる最適化」と考えた場合、「反作用」は何にあたるでしょうか？

もしかしたら「ＡＩによる最適化」の反作用として現れている機運が、「人間中心設計によるデザイン思考」なのかもしれません。

作用＝ＡＩによる最適化
反作用＝人間中心設計によるデザイン思考

このように、物事がある一定の方向に傾いているときは、往々にして、それとは逆の方向に向かおうとする反作用が生じることがあるのです。

また、「作用はあるのに反作用が現れてない」市場が存在する場合、これから「反作用側の市場が立ち上がってくるかもしれない」という仮説を導き出すこともできます。

そして、いち早く「反作用側の市場」に参入できれば、大きな先行者利得が得られるかもしれません。

あなたのこれまでのビジネス経験の中で、1人や2人は「いち早くシャープな仮説が立てられる人」や、「将来起こりうる物事を言い当てられる人」に出くわしたことがあると思います。

このような人は、何かの現象に直面した際に、頭の中にストックしている「ああなれば↓こうなりやすい」という「法則」に当てはめて考えることで、精度の高い未来を予測しています。

つまり、「何を考えるべきか？（＝視点）」の次に来る「どう考えるべきか？」で重要なのは仮説であり、的を射た仮説を生み出せるかどうかは、どれだけ多くの「法則」が頭の中にストックされているか、で決まるのです。

「視点の多さ」は、今、見えている世界の輪郭をクリアにし、中身の解像度を上げてくれます。一方で「法則の多さ」は、未来の世界の輪郭をクリアにし、解像度を上げてくれるのです。

「法則」は「問題解決」に活かせる

先ほど、法則とは「ああなれば↓こうなりやすい」という因果関係であるとお伝えしました。

因果関係とは、言葉を変えれば「原因と結果の関係」であり、「ああなれば（＝原因）↓こうなりやすい（＝結果）」という関係です。

そして、「ああなれば（＝原因）」の部分に現在起きている現象を当てはめることで「↓こうなりやすい（＝結果）」を予測するのです。

一方で、結果側から原因を推測することも可能です。つまり、「こうなってしまったのは（＝

結果）→こうだからだ（＝原因）」というように、結果から原因を逆算することで、問題に対する原因を推測することも可能なのです。

このような場合でも、数多くの「法則」をストックしていれば、目の前で起きている問題に対して「法則」を当てはめることで、問題を引き起こしている原因を推測できるようになります。

たとえば、議論が紛糾している会議のシーンを想像してみてください。

もしあなたが、

議論するうえでの「前提」が揃っていないと（＝原因）→会議は紛糾しやすい（＝結果）

という法則を知っていれば、「会議が紛糾している」という結果から逆算して、

会議が紛糾しているのは（＝結果）→議論するうえでの前提が揃っていないからでは？（＝原因）

と素早く仮説を立て、原因に当たりをつけることができるようになります。

そうすれば、会議メンバー全員に対して、「まずは、議論の前提を揃えませんか」と声をかけることで、紛糾した会議を収束に向かわせることができるかもしれません。

別の例も示しておきましょう。

同じように会議のシーンを想像してみてください。

もしあなたが、

> 会議の結論に対する判断基準が不明確だと（＝原因）↓会議は長引きやすい（＝結果）

という法則を知っていれば、「会議が長引いている」という結果から逆算して、

> 会議が長引いているのは（＝結果）↓会議の結論に対する判断基準が不明確だからでは？（＝原因）

と仮説を立てることができます。

そうすれば、会議のファシリテーターに対して、「事前に、結論に対する判断基準を決めておきませんか？」と提案することで、長引きがちな会議を短縮できるかもしれません。

このように「ああなれば→こうなりやすい」という「法則」は、未来に向けた仮説をつくるだけではありません。今起きている問題の原因を突き止める際にも役に立つのです。

「法則」は「フレームワーク」に活かせる

「フレームワーク」とは、簡単に説明すると、ビジネスを取り巻く情報収集や分析をする際の「枠組み」を指します。

フレームワークの代表例としては、次のようなものが挙げられるでしょう。

PEST：世の中の環境変化を戦略に活かす
Politics（＝政治的要因）／Economy（＝経済的要因）／Society（＝社会的要因）／Technology（＝技術的要因）

3C：市場環境の変化を戦略に活かす
Customer（＝市場・顧客）／Competitor（＝競合）／Company（＝自社）

STP：マーケティングの基本戦略を策定する
Segmentation（＝市場細分化）／Targeting（＝ターゲット設定）／Positioning（＝独自化）

4P：マーケティングの実行戦略を策定する
Product（＝商品）／Price（＝価格／Place（＝流通）／Promotion（＝プロモーション）

最近では、フレームワークに関するビジネス書が多数出版されています。

しかし、いくらフレームワークの本を読んでも、「なかなかフレームワークを使いこなせるようにならない」という悩みを持つ方も多いようです。

なぜ、フレームワークの本をたくさん読んでも、フレームワークが使いこなせるようにならないのでしょうか。

ここで、前述した方程式を思い出してください。

> 何を考えるべきか？（視点）×どう考えるべきか？（法則）＝あなたなりの結論

フレームワークは、この方程式の「何を考えるべきか？（＝視点）」は与えてくれますが、「どう考えるべきか？（＝法則）」は与えてくれません。

ぜひ、先ほどのフレームワークの代表例を見返してみてください。

「PEST」「3C」「STP」「4P」……。フレームワークは「この視点で考えましょう」

という「視点」は提供してくれますが、この視点で見たときに、「ああなれば→こうなりやすい」という法則を教えてくれるわけではありません。

つまり「フレームワークを使いこなせない」と嘆く人は、フレームワークを通して「何を考えるべきか？（＝視点）」は理解していても、「どう考えるか？（＝法則）」が抜け落ちてしまっているために、単なる「情報の整理」で終わってしまうのです。

フレームワークは、長年の歴史に耐え、「それなりに」役に立つものです。しかし、「それなりに」と書いたのには理由があります。

これだけインターネットが普及し、誰でもそれなりの情報を入手できる環境の中で、フレームワークを単なる「情報の整理」に使うだけでは、成長はそこで止まったままです。

フレームワークを自由自在に使いこなしたいのなら、フレームワークを「情報収集をする際の便利な視点」だけで終わらせずに、「ああなれば→こうなりやすい」という法則と組み合わせることで、有益な示唆を導き出せるようにならなければいけないのです。

「法則読書」の2ステップ

ここからは、「ああなれば→こうなりやすい」という法則を増やしていく「法則読書」について、具体的な手順を説明していきます。

「法則読書」のステップも「視点読書」と同様に、次の2つだけです。

「法則読書」のステップ1：ビジネス書から「法則」を発見する。
「法則読書」のステップ2：「法則」を抽象化してとらえ直す。

この時点で、すでにあなたは1回目の「視点読書」を終えて、2回目の通読となっているはずです。対象となるビジネス書のおおよその内容は頭に入っているはずなので、2回目は「法則読書」に集中して読み進めてみてください。

「法則読書」のステップ1は、「ビジネス書を読んで、法則を発見する」ことです。

どのビジネス書にも、必ず著者ならではの「ノウハウ」や「経験則」が書かれているはずです。いわば、「こういうときは→こうすべき」であったり、「こういうときは→こうなりやすい」という内容です。したがって「法則」を発見するには、

「この文章には、どのようなノウハウや経験則が隠されているのか?」

という質問をぶつけながら読み進めるのがコツです。

法則読書　実例1

ここでわかりやすくお伝えするために、再度『超効率ハック』を引用しながら、具体例を示しましょう。

第三章の「視点読書」では、次の2ステップを紹介しました。

「視点読書」のステップ1：ビジネス書から「視点」を発見する。

「視点読書」のステップ2：「視点」を抽象化してとらえ直す。

ここからは「視点読書」の復習も兼ねて、「視点読書のステップ」にプラスオンする形で「法則読書」の手順を説明していきます。

『超効率ハック』の中では、「効率的な学びを実現するにはどうすればいいか？」という課題について解説しているパートがあります。

人は誰でも疑問や問題にぶつかったとき、つい性急に「答え」を求めがちです。しかし「答え」を学んだところで、「どのような物の見方や考え方をすれば、優れた答えにたどり着けるのか？」という「答えの出し方」を学ばなければ、一生ものの学びにはなりません。

まずは「視点読書」の手順のおさらいです。この文章から「視点」を発見していきましょう（＝視点読書のステップ1）。その際にぶつける質問は次のものでした。

「この文章には、どのような視点が隠されているのか？」

するとこの文章の中には、

「答え」の視点
「答えの出し方」の視点

の2つが隠されていることがわかると思います。
しかし、このままでは「学び」という「特定のシーンでしか使えない視点」に留まったままです。
そこで、これらの視点を抽象化する質問をぶつけることで、応用範囲を広げます(＝視点読書のステップ2)。抽象化する際の質問は次の通りでした。

「幅広く応用できる〝概念〟に置き換えられないか?」

すると「学び」という特定のシーンから離れて、それぞれの視点は、

「答え」の視点→「知識」の視点
「答えの出し方」の視点→「思考プロセス」の視点

という、より汎用性の高い視点に置き換えることができるかもしれません。

これをビジネス書の余白にメモすることで、1回目の「視点読書」は完了でした。

続いて、通読の2回目である「法則読書」に移ります。

「法則読書」のステップ1は、次のものでした。

「法則読書」のステップ1：ビジネス書から「法則」を発見する。

そして、次の質問をぶつけます。

「この文章には、どのようなノウハウや経験則が隠されているのか？」

この質問をぶつけながら先ほどの文章を読むと「法則」は、

答えを学んでも↓一過性の学びにしかならない。
答えの出し方を学ぶことができれば↓一生ものの学びになりやすい。

であることがわかるはずです。

ぜひこちらも、対象となる文章にアンダーラインを引き、余白にメモを取ってください。

そして「法則読書」のステップ2です。

「法則読書」のステップ2：「法則」を抽象化してとらえ直す。

発見した「法則」を、「より応用範囲の広い法則」にするために、抽象化する作業を行います。

「視点読書」のときと同様に、発見した法則に対して、

「幅広く応用できる〝概念〟に置き換えられないか？」

という質問をぶつけましょう。このときに、ぜひ先ほど抽象化してメモをした、

「知識」の視点
「思考プロセス」の視点

という2つの視点をフル活用してください。

図10　視点読書→法則読書［実例１のチャート］

「視点読書」のステップ1：ビジネス書から「視点」を発見する。

「この文章には、どのような視点が隠されているのか？」
（この際にぶつける質問）

「答え」の視点　「答えの出し方」の視点

▼

「視点読書」のステップ2：「視点」を抽象化してとらえ直す。

「幅広く応用できる"概念"に置き換えられないか？」
（この際にぶつける質問）

「答え」の視点 → **「知識」の視点**（視点①）

「答えの出し方」の視点 → **「思考プロセス」の視点**（視点②）

▼

「法則読書」のステップ1：ビジネス書から「法則」を発見する。

「この文章には、どのようなノウハウや経験則が隠されているのか？」
（この際にぶつける質問）

答えを学んでも → 一過性の学びにしかならない（法則①）。

答えの出し方を学ぶことができれば → 一生ものの学びになりやすい（法則②）。

▼

「法則読書」のステップ2：「法則」を抽象化してとらえ直す。

「幅広く応用できる"概念"に置き換えられないか？」
（この際にぶつける質問）

**発見した視点と法則を合わせて、
より汎用性の高い法則を生み出す**

「知識」は（視点①） → 一過性の「消費」にしかならない（法則①）。

「思考プロセス」は（視点②） → 将来に活かせる「投資」になる（法則②）。

「視点読書」の際に、すでに汎用性の高い視点に置き換え済みなので、こちらの「視点」を元に「法則」を抽象化すると、

「知識」は↓一過性の「消費」にしかならない。

「思考プロセス」は↓将来に活かせる「投資」になる。


という、より普遍性の高い「法則」に置き換えることができるでしょう（図10）。

もちろん「抽象化」に「これだ！」という決まった正解はありません。「幅広く応用できる意味」に置き換わっていたらＯＫです。

はじめは試行錯誤が必要になるかもしれませんが、慣れてくると、短い時間で「これだ！」というものを導き出せるようになります。

法則読書　実例2

さらに理解を深めるために、別の例も示しておきましょう。

こちらも『超効率ハック』を題材にします。先ほどと同様に「効率的な学びを実現するにはどうすればいいか？」という課題についての文章を引用しましょう。

「ダブルループ学習」とは、いったん自分をこれまでの枠組みの「外側」に置き、全体を客観的にとらえながら「そもそもこの枠組み自体を変えられないか？」と前提を問い直す考え方です。今ある枠組みの内側で地道に改善を重ねるのは素晴らしいことですが、枠組みそのものをとらえ直すことで、大きく生産性を伸ばせる可能性が出てくるのです。

まずはこの文章から「視点」を発見していきましょう（＝視点読書のステップ1）。その際にぶつける質問は、繰り返しお伝えしているように、

「この文章には、どのような視点が隠されているのか？」

という質問です。するとこの文章の中には、

「地道に改善する」という視点
「前提をとらえ直す」という視点

の2つが隠されていることがわかると思います。
しかし、このままでは「学び」という「特定のシーンでしか使えない視点」に留まったままです。
そこで、これらの視点を抽象化する質問をぶつけることで、応用範囲を広げます（＝視点読書のステップ2）。抽象化する際の質問は次の通りでした。

「幅広く応用できる〝概念〟に置き換えられないか？」

筆者は「学び」という特定のシーンから離れて、次のように置き換えてみました。

「地道に改善する」という視点→「現状最適化」の視点
「前提をとらえ直す」という視点→「現状を疑う」視点

これを余白にメモすることで、2回読みの前半である「視点読書」は完了です。
続いて、2回読みの後半である「法則読書」に移ります。

「法則読書」のステップ1：ビジネス書から「法則」を発見する。

ぶつけるべき質問は、

「この文章には、どのようなノウハウや経験則が隠されているのか？」

だったことを、再度思い出してください。

この質問をぶつけながら先ほどの文章を読み返すと、「法則」は、

地道な改善は↓生産性の向上が限定的。
現状をとらえ直すことができれば↓大きな生産性向上につながりやすい。

であることがわかります。ぜひこちらも、対象となる文章にアンダーラインを引き、余白にメモを取ってください。

そして「法則読書」のステップ2です。

「法則読書」のステップ2：「法則」を抽象化してとらえ直す。

発見した「法則」を「より応用範囲の広い法則」にするために、「視点読書」と同じ要領で抽象化をしていきましょう。その際にぶつける質問は、

「幅広く応用できる〝概念〟に置き換えられないか？」

でした。このときに、先ほど抽象化してメモしておいた、

「現状最適化」の視点
「現状を疑う」という視点

という２つの視点をうまく活かしましょう。
「視点読書」の際に、すでに汎用性の高い視点に置き換え済みなので、こちらの「視点」に基づいて「法則」を抽象化すると、

現状の最適化は↓改善どまりになりやすい。
現状を疑えば↓抜本的な改革につながりやすい。

図11　視点読書→法則読書［実例2のチャート］

「視点読書」のステップ1：ビジネス書から「視点」を発見する。

「この文章には、どのような視点が隠されているのか？」
（この際にぶつける質問）

「地道に改善する」という視点　「前提をとらえ直す」という視点

▼

「視点読書」のステップ2：「視点」を抽象化してとらえ直す。

「幅広く応用できる"概念"に置き換えられないか？」
（この際にぶつける質問）

「地道に改善する」という視点 → **「現状最適化」の視点**（視点①）
「前提をとらえ直す」という視点 → **「現状を疑う」視点**（視点②）

▼

「法則読書」のステップ1：ビジネス書から「法則」を発見する。

「この文章には、どのようなノウハウや経験則が隠されているのか？」
（この際にぶつける質問）

地道な改善は → **生産性の向上が限定的**（法則①）。
現状をとらえ直すことができれば → **大きな生産性向上につながりやすい**（法則②）。

▼

「法則読書」のステップ2：「法則」を抽象化してとらえ直す。

「幅広く応用できる"概念"に置き換えられないか？」
（この際にぶつける質問）

**発見した視点と法則を合わせて、
より汎用性の高い法則を生み出す**

現状の最適化は（視点①）→ 改善どまりになりやすい（法則①）。
現状を疑えば（視点②）→ 抜本的な改革につながりやすい（法則②）。

郵便はがき

料金受取人払郵便

牛込局承認

2000

差出有効期限
令和4年5月
31日まで

1 6 2-8 7 9 0

東京都新宿区揚場町2-18
白宝ビル5F

フォレスト出版株式会社
愛読者カード係

フリガナ お名前	年齢 歳 性別（ 男・女 ）
ご住所 〒 ☎ （ ） FAX （ ）	
ご職業	役職
ご勤務先または学校名	
Eメールアドレス メールによる新刊案内をお送り致します。ご希望されない場合は空欄のままで結構です。	

フォレスト出版の情報はhttp://www.forestpub.co.jpまで!

フォレスト出版　愛読者カード

ご購読ありがとうございます。今後の出版物の資料とさせていただきますので、下記の設問にお答えください。ご協力をお願い申し上げます。

● ご購入図書名　「　　　　　　　　」

● お買い上げ書店名「　　　　　　　　」書店

● お買い求めの動機は?

1. 著者が好きだから　　2. タイトルが気に入って
3. 装丁がよかったから　　4. 人にすすめられて
5. 新聞・雑誌の広告で(掲載誌誌名　　　　　　　)
6. その他(　　　　　　　)

● ご購読されている新聞・雑誌・Webサイトは?

(　　　　　　　)

● よく利用するSNSは?(複数回答可)

☐ Facebook　☐ Twitter　☐ LINE　☐ その他(　　　　)

● お読みになりたい著者、テーマ等を具体的にお聞かせください。

(　　　　　　　)

● 本書についてのご意見・ご感想をお聞かせください。

● ご意見・ご感想をWebサイト・広告等に掲載させていただいてもよろしいでしょうか?

☐ YES　☐ NO　☐ 匿名であればYES

という、より普遍性の高い「法則」に置き換えることができるはずです（図11）。

✝法則を応用して使う　①新卒採用

さらにここからは、この法則の「応用」について考えてみます。

たとえば、新卒採用を例に、応用する方法を考えてみましょう。

あなたが、企業の新卒採用担当者だったとします。昨年の新卒応募数が１００人、面接に来た人が50人、採用者数が10人だったとすると、新卒採用サイトや新卒採用パンフレットなどの工夫で、今年は新卒応募数を１１０人、面接に来る人を55人、採用者数を11人に増やせるかもしれません。

しかし、これは「現状最適化」の視点です。「現状を最適化すると↓改善どまりになりやすい」という法則に当てはめると、どこかで限界に達してしまう可能性が高いはずです。「同じ予算で採用者数を20人に倍増させる」などは、とうてい難しいでしょう。

一方で、「現状を疑えば↓抜本的な改革につながりやすい」という法則に当てはめると、どう変わるでしょうか？　現状を疑うことができれば、

- そもそも採用目標数20名は、すべて新卒である必要があるのか？　第二新卒ではダメなのか？

● 新卒応募者数を増やさなくても、優秀な学生20名だけをピンポイントにダイレクトリクルーティングすればいいのではないか?

など、現状に囚われない発想が出てきやすくなります。すると、抜本的な改革につなげやすくなるかもしれません。

✝法則を応用して使う ② マーケティング

さらにこの「法則」を、今度はマーケティングに応用して考えてみましょう。

仮に、あなたが売上の低迷に悩まされている納豆メーカーのマーケティング担当者だったとしましょう。

もし、「現状最適化」の視点を持ったとしたら、現状戦っているのは納豆市場の中ですから、「納豆市場の内側で競争に勝つには?」という発想になるでしょう。

すると、競合する納豆商品をリストアップしたうえで、「ライバル商品Aに勝つには?」「ライバル商品Bに勝つには?」……などを考えるはずです。

しかし「現状の最適化は→改善どまりになりやすい」という法則に当てはめると、その成果は限定的になってしまうかもしれません。

一方で、「現状を疑えば→抜本的な改革につながりやすい」という法則に当てはめると、どう変わるでしょうか？

「現状を疑う」という視点が持てれば、「自分たちが戦うべきは、本当に納豆市場なのか？」という疑いを持つことができます。

すると「納豆」は「ご飯の上に乗せるもの」であることに気づき、「ご飯の上に乗せるもの市場で戦う」という発想ができるようになるでしょう。

そうすれば、「ふりかけ市場から顧客を奪う」「海苔市場から顧客を奪う」「食べるラー油市場から顧客を奪う」など、より大きな可能性に気づくことができるかもしれません。

重要なので繰り返しますが、「視点」と同様に「法則」もまた、抽象化してとらえ直す力を手に入れれば、ビジネス書に直接書いてある内容の枠を越えて、応用先が大きく広がっていくのです。

本書から「法則読書」で得られる「38法則」

ここまで読んで、「視点読書」だけでなく、「法則読書」のメリットも理解できたと思います。

法則読書のカギも、ビジネス書に書かれている経験則やノウハウを、「単なる暗記」で終わらせるのではなく、ビジネス書から得られた「法則」を抽象化して、応用範囲を広げ、アウトプット先を何倍にも広げることです。

本章では、「法則の発見の仕方」や、「法則の応用の仕方」を中心にお伝えしたために、拙著に基づいた法則しか紹介できませんでした。

しかし、本書もビジネス書ですから、本書を丁寧に「法則読書」すれば、さまざまな法則が散らばっていることに気づけるはずです。

よって本章の最後に復習も兼ねて、ここまでの内容の中で散らばっている「38法則」を一覧で紹介しておきましょう。

ここで、ぜひあなたにチャレンジしてほしいことがあります。

それは、それぞれの「法則」に対して、「なぜ？」という疑問をぶつけることです。法則とは「ああなれば↓こうなりやすい」という因果関係ですから、「なぜ、この法則が成り立つのか？」という疑問をぶつければ、「ああなれば↓こうなりやすい」の「↓」の部分に思いを馳せ、「↓」のメカニズムの理解につながります。

たとえば、

ビジネス書を読めば ↓ ビジネスの成功確率を上げられる。

という法則は、「ビジネス書を読めば（↓著者が何年何十年もの間積み上げてきた成功体験が手に入るので）ビジネスの成功確率を上げられる」。

ビジネス書を読めば ↓ 生涯にわたって役立つものが手に入る。

という法則は、「ビジネス書を読めば（↓その場で消費してしまう「知識」ではなく、未来に役立つ「視点」「法則」が手に入るので）生涯にわたって役立つものが手に入る」。

というように、「なぜ、この法則が成り立つのか？」という理解につながります。

すると、この「法則」を人と共有する際に、「根拠」や「理由」とセットで伝えることができるので、アウトプット力が向上します。

これらを踏まえて、ここまでの内容の中で散らばっている「38法則」を眺めてみてください。

もし、「あれ？　この法則って何だっけ？」という疑問を持ったら、再度、本書を「法則読書」していただき、「なぜ？」という疑問をぶつけていきましょう。

†「ビジネス書を読むこと」についての法則

1 ビジネス書を読めば↓ビジネスの成功確率を上げられる。
2 ビジネス書を読めば↓ビジネスの失敗確率を下げられる。
3 ビジネス書を読めば↓「視点」と「法則」を増やせる。
4 ビジネス書を読めば↓著者の職業人生が手に入る。
5 ビジネス書を読めば↓著者の思考プロセスが手に入る。
6 ビジネス書を読めば↓体系的に理解する力が身につく。
7 ビジネス書を読めば↓解釈力が身につく。
8 ビジネス書を読めば↓思考力が身につく。
9 ビジネス書を読めば↓生涯にわたって役立つものが手に入る。
10 ビジネス書を読めば↓生涯の無駄を削減できる

11 同じ分野のビジネス書を固め読みすれば↓ビジネス書の内容が忘れにくくなる。
12 同じ分野のビジネス書を固め読みすれば↓「絶対に欠かすことができない重要な本質」が見抜けるようになる。
13 同じ分野のビジネス書を固め読みすれば↓視野が広がる。
14 同じ分野のビジネス書を固め読みすれば↓知識を体系化できる。

†「視点」についての法則

15 「視点」を増やせば↓「何を考えればいいか？」の選択肢を広げられる。
16 「視点」を増やせば↓「行き詰まった状態」を打開できる。
17 「視点」を増やせば↓今見えている世界の「輪郭」をクリアにできる。
18 「視点」を増やせば↓今見えている世界の「解像度」を高めることができる。
19 「視点」を増やせば↓適切な「イシュー」を設定できる。
20 「視点」を増やせば↓「別の選択肢」を生み出せるようになる。
21 「視点」を増やせば↓「新たなコンセプト」を生み出せる。
22 「疑問」を持つことは↓「視点」を増やすきっかけになる。

✝「法則」についての法則

23 「法則」を増やせば↓素早く、精度の高い「仮説」が導き出せる。
24 「法則」を増やせば↓未来の世界の「輪郭」をクリアにできる。
25 「法則」を増やせば↓未来の世界の「解像度」を高めることができる。
26 「法則」を増やせば↓「問題の原因」にあたりをつけられるようになる。
27 「法則」を増やせば↓「フレームワーク」を使いこなせるようになる。

✝「抽象化」についての法則

28 「抽象化」をすれば↓アウトプットの応用範囲を広げられる。
29 「応用力」を身につければ↓「何をやらせても優秀な人」になれる。

✝「競争力」についての法則

30 思考力を身につければ↓自分オリジナルの競争力になりやすい。

31 短い時間で手に入れた競争力は↓短い時間で真似されやすい。
32 長い時間をかけて手に入れた競争力は↓長い時間、真似されにくい。
33 目に見える競争力は↓真似されやすい。
34 目に見えない競争力は↓真似されにくい。

†「知識」についての法則

35 「知識」だけを理解しても↓暗記にしかならない。
36 「知識」だけでなく「知識同士の関係」を理解できれば↓知識の運用能力が身につく。
37 「知識」に「背景」を照らし合わせれば↓情報・知識を解釈できるようになる。
38 役に立つ知識ほど↓すぐに一般化し「誰もが知っている知識」になりやすい。

第五章

10倍読書のアウトプット術

アウトプットのための4ステップ

ビジネスの現場は「勉強の場」ではなく、「成果をあげる場」です。

しかし、少なくない人が「まずは勉強から」という先入観を持っているため、行動がインプットに偏っていることが多いものです。

たとえば、「ビジネス書を読む」「ビジネス勉強会に参加する」「資格を取る」などが典型です。

これらのインプットは失敗がなく、「やった気」にもなれるため、「勉強熱心な人」には心地よく感じられるかもしれません。

しかし、インプットしたものは、頭の中に留まっているだけなので、何の成果も生み出しません。

一方で、アウトプットは成果をあげるための行動が伴います。

たとえば、「会議で発言する」「提案をする」「ノウハウを教える」「勉強会を開く」などが典型です。

アウトプットは、自分なりの思考や知恵を目に見える形で表現する必要があるため、嫌でも周囲の評価が付いてきます。また、「失敗」もありえるため、「インプット重視」の人は及び腰になりがちです。

しかし、「インプットは、そもそも何のためにしているのか？」を考えてみてください。「インプット」は、実現したい「アウトプット」を補うために必要なものであり、本来は脇役です。あくまで主役は「アウトプット」であり、「アウトプット」に結びつかなければ本末転倒なのです。

よって、第五章では「10倍読書」から得た学びを、どうアウトプットすればいいかについて、４つのステップでお伝えしていきましょう。

ステップ1：手書きのメモをメモアプリに転記する。
ステップ2：イメージトレーニングをしながら日々の仕事に活かす。
ステップ3：組織の力に変える。
ステップ4：社会に共有する。

それでは、１つずつ説明していきましょう。

手書きのメモをメモアプリに転記する

「アウトプット」のためのステップー

「視点・法則リスト」をつくる

まず、実践していただきたいのは、10倍読書で得た「視点」や「法則」を、メモアプリに転記していく作業です。

すでに10倍読書を終えたあなたは、ビジネス書のさまざまなページの余白に、「視点」や「法則」を手書きメモとして残したはずです（写真2）。

しかし、この状態のままでは、そのビジネス書を再読しないかぎり、せっかく学び取った「視点」や「法則」を再確認することができません。その結果、いずれ忘れてしまうことになるでしょう。

また、読書量が増えてくると、学び取った「視点」や「法則」を再確認したいときに、「どのビジネス書から得た視点・法則だったっけ？」とわからなくなり、探すのに手間取ること

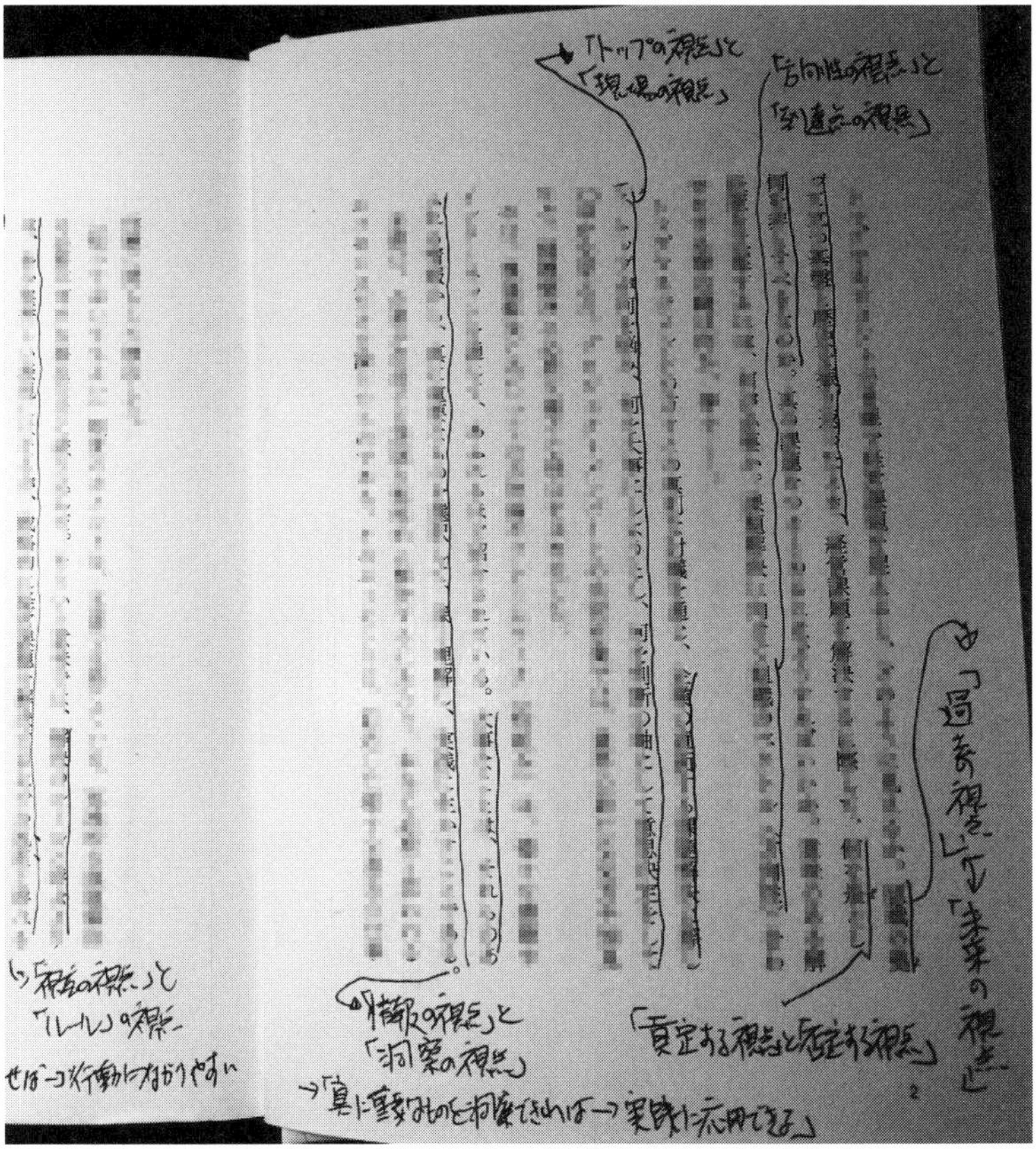

写真２　筆者の実際の書き込み。

になります。

よって、10倍読書で残した「視点」や「法則」の手書きメモは、必ずメモアプリに転記するようにしましょう。すると、出来上がるのは、あなたオリジナルの「視点・法則リスト」です。「視点読書」や「法則読書」を伝えたくだりで、たびたび「後々、このメモが大きな役割を果たすことになります」と注意を促しました。それは、この「視点・法則リスト」をつくるためです。

ビジネス書を読むたびに手書きメモをとり、そのメモをメモアプリに転記していけば、「視点・法則リスト」は、どんどんと育っていくことになります。この「視点・法則リスト」こそが、今後のあなたの財産になっていくのです。

メモアプリは、使い慣れたもので大丈夫です。おすすめするとすれば、メモをクラウド保存でき、スマートフォンでもPCでも書き込み・参照できるものがいいでしょう。また、リスト機能があれば、「一覧」として整理しやすくなるのでおすすめです。

✝「視点・法則リスト」の例

メモアプリへの転記の仕方も「これが正解」というものはありません。

重要なのは「正解かどうか?」ではなく、「役に立つかどうか?」ですから、自分にとって役に立ちやすい転記の仕方であればOKです。

筆者の場合は、

書籍タイトル
- アンダーラインを引いた文章
- 発見した視点（あるいは法則）
- 抽象化した視点（あるいは法則）

をワンセットとして転記しながら、「視点・法則リスト」を作成しています。

具体例は次の通りです。

『無駄な仕事が全部消える超効率ハック』
- アンダーラインを引いた文章

仕事の漏れや重複は、作業の一部分ばかりに視点が集中して「段取り全体」が見えていないときに起こります。まずは、「これから必要になる作業」をすべて洗い出しておきましょう。

- 発見した視点

「段取り全体」の視点

「作業の一部分」の視点

● 抽象化した視点

全体の視点

部分の視点

● 法則

「全体」を定義した上で「部分」に分解していけば→物事を効率的に進めることができる。

「全体」だと思っていたものを「部分」として捉え直せば→視野を広げることができる。

● 応用先の例

情報収集：「収集すべき情報の全体像」を定義したうえで「部分」に分けていけば、モレなく重複のない効率的な情報収集ができるようになる。

資料作成：資料の全体構成を考えたうえで各ページに分解していけば、内容のモレや重複が起きにくくなる。

マーケティング：現在参入している市場を「部分」としてとらえ直すことで、これまで見えていなかった新たな市場（＝全体）を発見しやすくなる。

「視点・法則リスト」の4つのメリット

「手書きメモをメモアプリに転記する」と聞くと、どうしても「面倒臭い」と感じるかもしれません。

しかし、あなたオリジナルの「視点・法則リスト」は、それを大きく上回る4つのメリットをもたらしてくれます。

✝達成感を得られる　「視点・法則リスト」メリット①

1つ目のメリットは、10倍読書をするたびに「視点・法則リスト」が育っていく過程を実感できる「達成感」です。

10倍読書は、「考えながら読む」必要があるので、どうしても「拾い読み」や「流し読み」に比べると負荷が伴います。そうである以上、毎回「目に見える達成感があること」は、バカにできません。

「視点・法則リストが育っていくこと＝自分の成長」ととらえれば、「メモアプリに転記していく過程」自体が10倍読書を続けるうえでの大きなモチベーションになるのです。

†読書以外からも視点と法則を得られる「視点・法則リスト」メリット②

2つ目のメリットは「10倍読書〝以外〟から得た学び」もリストに書き加えることができる点です。

あなたは10倍読書を通して「視点」や「法則」に対する意識が高まっているはずです。すると、ビジネス書以外にも、日々の同僚とのコミュニケーションや会議、あるいは研修やセミナーなどでも、「あ、これは1つの視点だ」とか、「あ、これは法則かもしれない」などと気づく機会が増えてきます。

そんなとき、メモアプリで「視点・法則リスト」をつくっていれば、その場で「視点」や「法則」を書き加えていくことができます。たとえば次のような要領です。

営業担当の山田さんの持論

- 会話内容

「こちらから一方的に話をしようとするのは、ダメ営業の典型。営業スキルで重要なのは、まずは担当者に質問をすること。どれだけ相手に話をさせるかが営業スキルのキモ」

- 発見した視点（あるいは法則）

「営業トーク」の視点

「担当者ヒアリング」の視点

その場では、取りあえずここまでを「視点・法則リスト」に加えておけばOKでしょう。

すると、帰宅時の電車の中などでメモアプリを見返しながら、

「幅広く応用できる〝概念〟に置き換えられないか？」

を考え、思いついたら次のように書き加えていきます。

- 抽象化した視点
  「自分発信」の視点
  「相手逆算」の視点
- 抽象化した法則
  話す内容を「自分の頭の中」で検索しても→自己中心的な話になる
  話す内容を「相手の頭の中」で検索すれば→相手のニーズに合った話ができる

このように、メモアプリを使って「視点・法則リスト」を整理していけば、ビジネス書以

外から得た学びも、「視点・法則リスト」に取り込んで、育てていくことが可能になります。あくまで目的は、「自分の中に視点や法則を増やすこと」ですから、10倍読書はその手段の1つでしかありません。日々の仕事や生活の中で、「視点や法則を増やす機会」は、無限に転がっているはずなのです。

†時間とともに新しい発見が生まれる「視点・法則リスト」メリット③

3つ目のメリットは、後から振り返ることで新たな発見をもたらしてくれる点です。ある調査によると、人が1日にスマートフォンを見たり使ったりする回数は、平均56回もあるそうです。

スマートフォンのメモアプリに「視点・法則リスト」を記録しておけば、職場でも、自宅でも、電車の中にいても、いつでもどこでも気がついたときに参照したり、書き加えることができます（写真3）。つまり、時間や場所を問わずに、「視点」や「法則」について考えを巡らすことができるようになるのです。

また、「視点・法則リスト」を長期間にわたって育てていくと、思わぬ発見をもたらしてくれることがあります。人は同じ物事を見ていても、「置かれている状況の変化」や「自分の成長」によって、ものの見方は変化していきます。

メモアプリの中で「視点・法則リスト」を育てていければ、置かれている状況の変化やあなたの成長に応じて、違ったモノの見方や応用の仕方を発見できるようになるでしょう。

実務に活かせる「視点・法則リスト」メリット4

4つ目のメリットは、常に「視点・法則リスト」を参照することで、実務に活かせる点です。私たちが「天才」であれば、毎回インスピレーションが降りてくるのかもしれません。しかし、筆者も含めて、多くは凡人です。だとすれば、その時々でインスピレーションに頼ることはできませんから、10倍読書の成果の賜物である「視点・法則リスト」をフル活用する

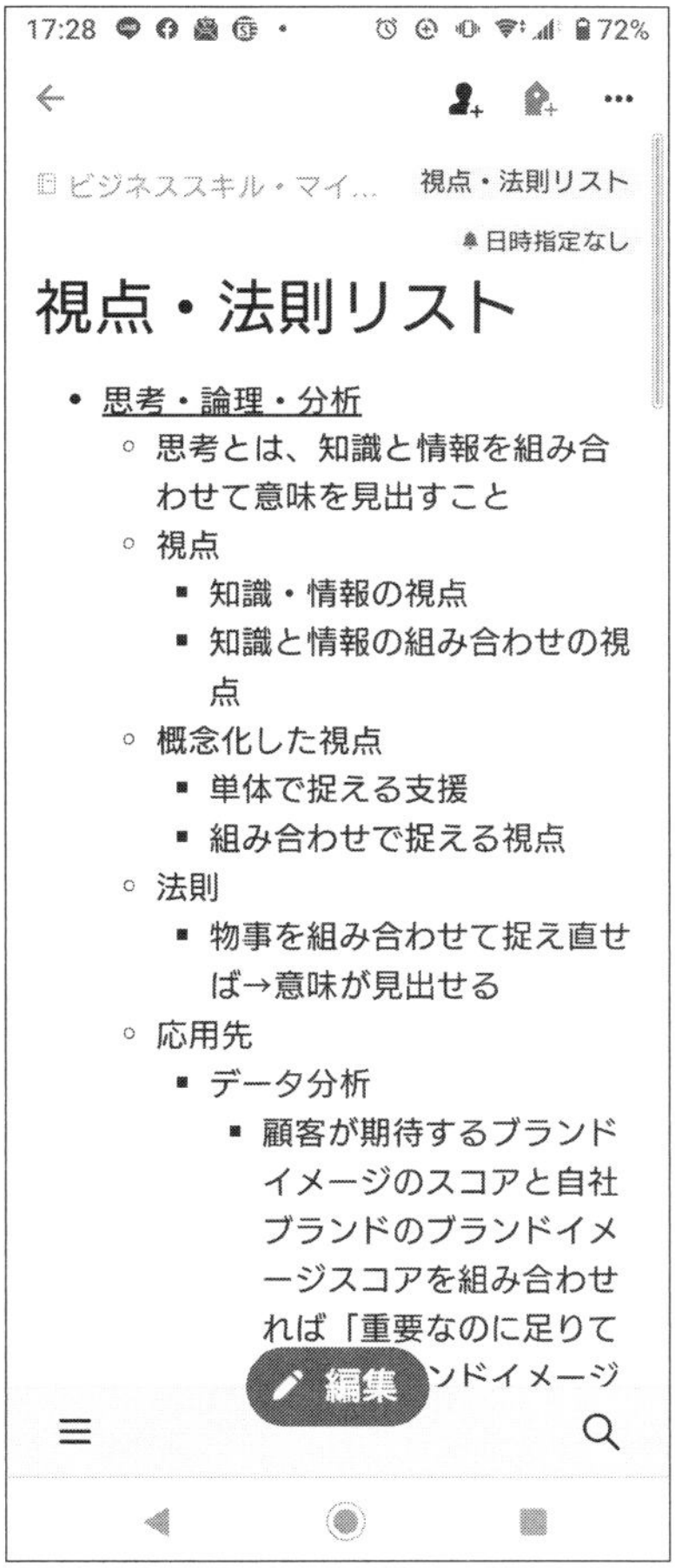
17:28
72%
ビジネススキル・マイ…
視点・法則リスト
日時指定なし
視点・法則リスト
思考・論理・分析
思考とは、知識と情報を組み合わせて意味を見出すこと
視点
知識・情報の視点
知識と情報の組み合わせの視点
概念化した視点
単体で捉える支援
組み合わせで捉える視点
法則
物事を組み合わせて捉え直せば→意味が見出せる
応用先
データ分析
顧客が期待するブランドイメージのスコアと自社ブランドのブランドイメージスコアを組み合わせれば「重要なのに足りて
ンドイメージ
編集
写真3　筆者のスマホに保存されている「視点・法則リスト」のスクリーンショット。

のです。

筆者は仕事で行き詰まったときには、常にスマートフォンのメモアプリを開いて「視点・法則リスト」を眺めるようにしています。すると、そこにはさまざまな「視点」がリストとして並んでいるので、「無意識のうちに、視点が1カ所で凝り固まっていたな」「思考の範囲が狭まっていたな」などと、気づくことがあります。

そして、あえて強引にでも、リストに載っているさまざまな「視点」に頭を切り替えて考えてみることで、思わぬ打開策が見つかることがあるのです。

「法則」に関しても、「幅広く応用できる〝概念〟に置き換えられないか？」という質問を通して、すでに応用範囲が広いものになっているはずなので、「視点・法則リスト」に載っているさまざまな「法則」を参照すれば、「こうするのがベストでは？」という仮説を立てやすくなります。

残念ながら、私たちは「天才」ではありませんが、だからこそ10倍読書から得た学びを「ストック」に変え、活かし切る方法論が必要なのです。

イメトレをしながら日々の仕事に活かす

「アウトプット」のためのステップ2

「視点」や「法則」を具体的な実務に落とし込む

10倍読書で得た「視点」や「法則」をメモアプリに転記できたら、続いては「イメージトレーニングをしながら、日々の仕事に活かす」ステップです。

第一章でもお伝えしましたが、学びをアウトプットしやすくするためには、大きく分けて2つの視点が必要になります。

- 得た学びの「役立つ度合い」の高さ。
- 得た学びの「応用範囲」の広さ。

すでに「役立つ度合いの高さ」については、10倍読書を通してさまざまな「視点」や「法則」を発見できていると思います。

さらに、「得た学びの応用範囲の広さ」についても、

「幅広く応用できる〝概念〟に置き換えられないか?」


という質問をぶつけることで、個別具体的なエピソードから離れ、応用範囲の広い「概念」に置き換わっているはずです。

さらにここからは、より具体的に実務に落とせるように「具体化」をしていきましょう。

手に入れた「視点」や「法則」に対して、「情報収集」「分析」「資料作成」「報告」「提案」「段取り」「コミュニケーション」「会議」など、あなたが日々行っているさまざまな業務に対して、

「視点や法則を、具体的な実務に応用するとしたら?」


をイメージトレーニングしながら、実務に落としていくのです。

たとえば、あなたが10倍読書を通して、次のような視点を手に入れたとしましょう。

- 「加える」という視点

●「減らす」という視点

この2つの視点を、どのような実務に、どのような形で応用・具体化できるかをイメージトレーニングしてみましょう。

†イメトレ実例　① 情報収集

まずは「情報収集」をイメージしてみます。

先ほどの2つの視点を「情報収集」に当てはめると、あなたの行動はどう変わるでしょうか？

ビジネスパーソンの時間の多くは「何かを調べる」という情報収集に費やされることが多いと思います。しかし、情報収集に時間をかけすぎて、締切りギリギリになったという経験をしたことがあるはずです。真面目で几帳面な人であればあるほど、「情報は多ければ多いほどいい」「情報は抜け漏れがないほうがいい」など、「情報を完璧に集めること」を重視しがちです。これは、典型的な「加える」視点です。

しかし、反対に「減らす」という視点を獲得していれば、「情報の量を追いかける」のではなく、「必要最小限の情報を選び取る」という発想ができるようになります。

情報は「判断」のために集めるのであって、「あれも、これも」と量を集めることばかりに時間を使っていては、本末転倒です。よって、「判断に役立つ必要最小限の情報は何か？」を見極めて、優先順位の高い情報から順番に集めていけば、はるかに少ない労力で「判断に役立つ」情報を収集することができるようになります。

これが「減らす」という視点です。

ここまでイメージトレーニングができれば、「減らす」という視点には「目的」が重要であることに気づくことができます。

「情報収集の目的」が明確になれば、「その判断に必要な情報は何か？」がわかるので、収集すべき情報がかなり絞れるようになるでしょう。

仮に「判断に必要な情報」が網羅的な情報の20％だとしたら、80％もの労力・時間を減らせるので、情報収集の生産性は飛躍的に高めることができるかもしれません。

†イメトレ実例 ② 資料作成

続いては、どのように「資料作成」に応用・具体化できるかをイメージトレーニングしてみます。

資料の作成者はたいていの場合、案件の当事者ですから、内容について誰よりも深く考え理解しています。そのため、つい自分が持っているありったけの情報を詰め込んでしまう傾向があります。これは典型的な「加える」視点でしょう。

しかし、資料の読み手側からすれば、資料に記載されている情報が増えるほど、全体像や筋道がとらえづらくなり、結論や論旨がつかみづらくなってしまいます。その結果、「資料がわかりづらい」「何が言いたいのかわからない」と言われてしまうのです。

一方、あらかじめ「減らす」という視点を獲得していれば、読み手側がいう「わかりづらい」は、「中身の詳細がわからない」ことが原因ではなく、中身の分量が多すぎて「話の全体像」や「話の筋道」、あるいは「結論」がシンプルにわからないことが原因ではないか、と疑うことができます。

すると、読み手の時間を奪わない、シンプルで無駄のない資料をつくれないか、という考えに思いが至ります。

そうすれば、資料作成の時間を短くできるだけでなく、読み手が読み込む時間も減らせるので、資料作成の生産性は劇的に向上するはずです。

✝イメトレ実例　③コミュニケーション

最後に「コミュニケーション」に応用・具体化してイメージしてみましょう。

一生懸命説明しているはずなのに、「話が長い」「結局、何が言いたいのかわからない」と言われてしまったことはありませんか。

それは、見たことや聞いたことを、そのまま「描写」して話してしまうのが原因です。別の言い方をすれば、説明が「事実の羅列」になってしまっているのです。つまり、「加える視点」です。

一方で、「減らす視点」に切り替えて考えてみると、どう変わるでしょうか？

「減らす視点」に立つと、「聞き手側が、最低限聞きたがっていることは何か？」に思いが至るようになります。

すると、時間がない中で、聞き手側が最低限求めるのは、「結論」と「その根拠」であることに気づけるでしょう。すると、まずは「結論」を話し、そのうえで「なぜその結論に至ったか？」という根拠を説明し、求められたときだけ「経緯」の話をする、という話の組み立てができるようになります。

以上のように「視点・法則リスト」を使ったイメージトレーニングは「10倍読書」と「実務」をつなげ、実務への応用範囲を広げる極めて重要なステップです。

すでに「視点」や「法則」はメモアプリの中にありますから、カフェであれ電車の中であれ、時間や場所を問わずにイメージトレーニングができるはずです。

組織の力に変える

「アウトプット」のための
ステップ3

そもそも「アウトプット」の目的とは？

あなたは、「アウトプット」という言葉に対して、どのようなイメージを持っているでしょうか。

読書術の本には、ほぼ例外なく「読書をしたらアウトプットせよ」「読書の目的はアウトプットである」と書いてあります。しかし、いったんここで「アウトプット」に対して、次の視点で考えてみてほしいのです。

「目的」の視点
「手段」の視点

アウトプットとは、「目的」でしょうか？　それとも「手段」なのでしょうか？

筆者は「アウトプット」自体は目的にはなりえず、別の目的に対する「手段」であると考えています。

では、「アウトプットの目的」とは何でしょうか？

どのような仕事も、個々人のアウトプットの積み重ねで成り立っています。だとすれば、「あなたのアウトプットの目的とは何ですか？」という質問は、「あなたが仕事をする目的は何ですか？」という、極めて奥深い質問と近いことがわかります。

もしかしたら、あなたは「仕事をする目的は何か？」という質問に対して、「高い報酬を得るため」と答えるかもしれません。その考え方自体を否定する気はありませんが、「高い報酬を得るため」という目的は、「お金に振り回される職業人生で終わる」という危険性をはらんでいます。

あるいは、あなたは「高いポジションに昇進するため」と答えるかもしれません。この考え方も間違ってはいませんが、「高いポジションに昇進するため」という目的は、「他人からの評価に振り回される職業人生で終わる」という危険性をはらんでいるでしょう。

仮に、あなたがなんらかの重い病気で、あと6カ月しか余命がないとしたら、それでも、あなたはその6カ月の間、「高い報酬」や「高いポジション」のためにアウトプットをするのでしょうか？

昔、終末医療を専門とする医療関係者に話を伺ったことがあります。

「あと6カ月の命」と余命を告げられた患者は、最初の1～2カ月は、自分本位に「享楽的なこと」に時間を使うことが多いそうです。いわば「働くこと」や「がんばること」がバカバカしくなり、「自分本位に楽しむ」ことを追求するのです。

しかし1～2カ月後、ほとんどの患者は「無意味なことに貴重な時間を使ってしまった」と後悔し、「今からでも、自分が世の中に対してできることはないか？」と考えはじめるそうです。

時々、余命を宣告された方が、その命が尽きるまで、勢力的に講演活動をしたり、本を出版するのをニュースで見かけることがあります。その動機は、決して講演料や印税ではなく、「命が尽きるまでの限られた時間を、できるだけ世の中に役立てたい」という想いからだそうです。

不謹慎かもしれませんが、ぜひここで、あなたが死ぬ間際のことを想像してみてください。「高い報酬をもらえる人生でよかった」と思いながら死ぬことが、はたして幸せな人生だったと思えるでしょうか。「高いポジションに昇りつめた人生でよかった」と思いながら死ぬことが、はたして後悔のない人生だったといえるでしょうか？

本当に幸せな死に方とは、家族や多くの友達、同僚に囲まれて「あなたがいてくれてよかった」「もっと、生きていてほしかった」と惜しまれながら息を引き取ることではないでしょうか。

もしそうなら、働く目的は明快です。

家族・友達・同僚、ひいては社会の役に立ち、多くの人から「ありがとう」「あなたがいてくれてよかった」と思ってもらえることです。

だとすると「アウトプットの目的」も明確です。

アウトプットは「相手逆算」の視点で

アウトプットは「OUT＝外に出す」という言葉の響きから、つい「自分の中にあるものを外側に出す」という自分発信の考え方に陥りがちです。

しかし、本来アウトプットの目的は、誰かの役に立ち「ありがとう」「あなたがいてくれてよかった」と言ってもらえることです。

つまり、相手逆算であるべきなのです。

- 「自分発信」の視点
- 「相手逆算」の視点

あなたが「10倍読書」を実践し、ビジネス書から数々の学びを得たなら、ぜひ今度は教える側に立ち、誰かの役に立つ形で共有し、組織の力に変えることを考えてみてください。

最近では情報共有の一環として、多くの企業で「社内ブログ」や「社内ＳＮＳ」などの仕組みが導入されています。あなたが所属する企業でも導入されているなら、10倍読書で得た学びを簡単なパワーポイントにまとめ、情報共有してみるのも1つの手段です。

自分が得た学びをパワーポイントに落とそうとすると、「文字だけ」というわけにはいかなくなります。そうなると「図解表現」を取り入れながらパワーポイント資料をつくることになりますが、その過程で「ここの部分の理解が足りてないな」など、「わかっていたつもりでいたのに、実はわかっていなかった部分」が明るみに出ることがあります。

また、「こういう表現の仕方だとわかりにくいな」など、「アウトプットの仕方」自体の学びにもつながるでしょう。

筆者は自分が得た学びをパワーポイントに変えて、積極的に社内ＳＮＳに投稿するようにしています。たとえば、「思考能力が学べるパワーポイント資料」「視点と法則を学べるパワーポイント資料」「生産性向上を学べるパワーポイント資料」などです。

これらを投稿すると、必ずコメントやフィードバックをくれる方がいらっしゃるので、それ自体が学びになり、励みにもなります。また、投稿して何年も経ってから、「あの資料に基づいた勉強会をしてくれないか？」と依頼されることもあったりします。

また、パワーポイント資料を作成したら、所属する部門で部門内勉強会を企画してみてもいいでしょう。最近はリモートで参加できる仕組みも整っていますから、物理的に集まる必要がなく、そのハードルは大きく下がっているはずです。

筆者は管理職の立場で仕事をしていますが、管理職からすればチームメンバーが自発的に「部門内で勉強会をやりたい」と買って出てくれることは、非常にうれしく、頼もしく感じます。

もちろん、「学びを共有してくれる」という「実利」もありがたいのですが、それ以上に、「自発的に」勉強会を企画してくれること自体に本人の成長を感じるのです。

ラーニングピラミッド

アメリカ国立訓練研究所の研究に、「学習方法と学習定着率の関係」を体系化した「ラーニングピラミッド」という考え方があります（図12）。

ラーニングピラミッドによると、学習方法と学習定着率の関係は次のような7段階で示されています。

この「ラーニングピラミッド」は、10倍読書においても非常に重要な考え方なので、各段階について紹介しておきましょう。

図12 ラーニングピラミッド

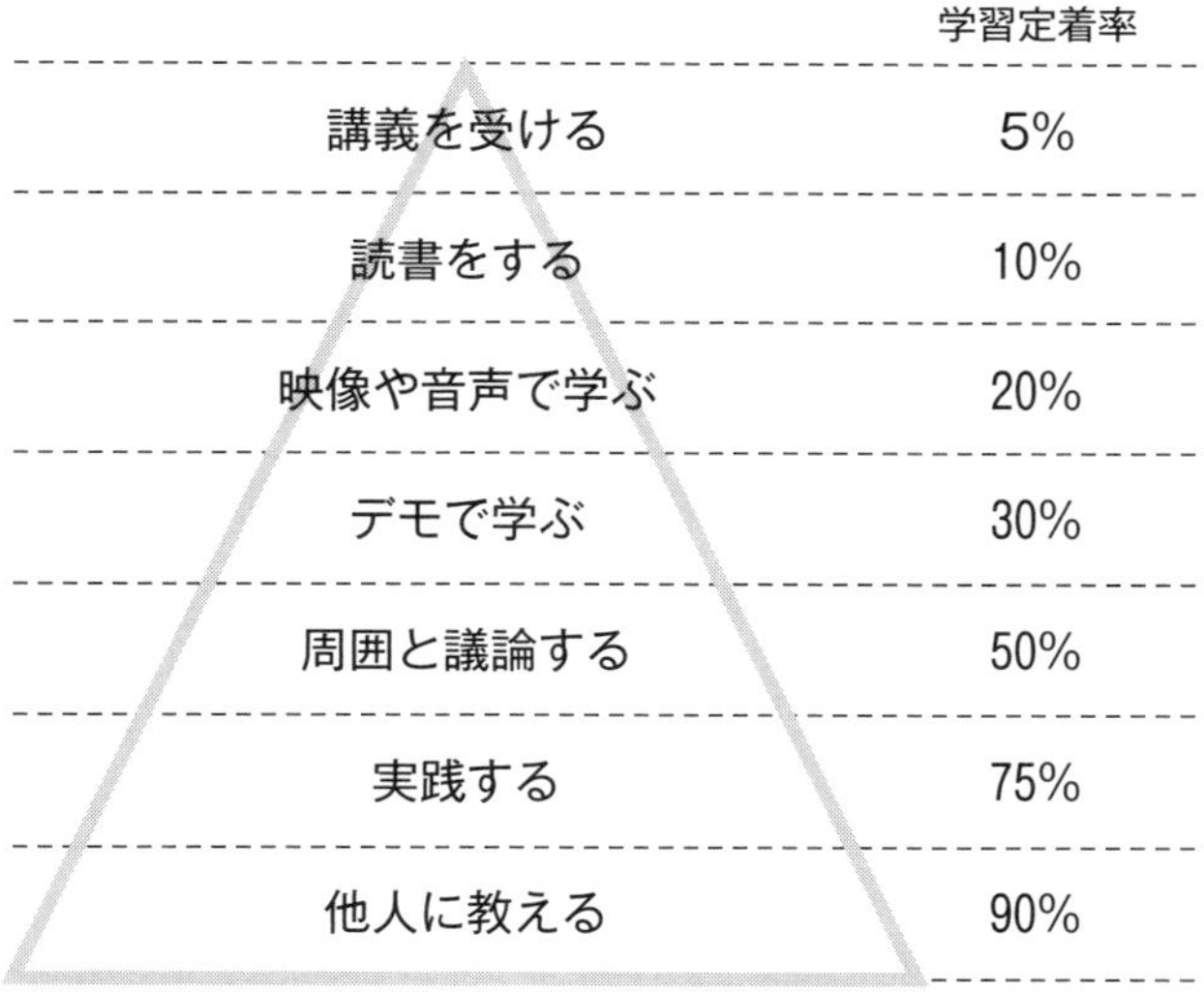

	学習定着率
講義を受ける	5%
読書をする	10%
映像や音声で学ぶ	20%
デモで学ぶ	30%
周囲と議論する	50%
実践する	75%
他人に教える	90%

①講義を受ける：学習定着率5%

「講義を受ける」とは、つまり座学研修やビジネスセミナーに参加している状態です。

黙って先生の話を聞くだけになりがちなので、よほど興味のある内容でないかぎり、忘れてしまうことも多いでしょう。

あなたも、「そのときにはためになった気がしたけど、後から振り返ると、よく覚えていない」という経験をしたことがあるのではないでしょうか。

「講義を受ける」だけでは、学習定着率は5%しかないので、ただそれだけでは効果的な学びの方法とはいえないでしょう。

②読書をする：学習定着率10％

いわゆる、ビジネス書を読んでいる状態です。自発的かつ能動的にビジネス書に向き合っている点で、ただ講義を受けているだけより、学習定着率は高い傾向にあります。

しかし、何の工夫もなく、ただ漫然と文章を追っているだけになってしまうと、自分の頭の中に定着しません。

「単に読書をする」だけでは、学習定着率も高くなく10％しかないのです。

③映像や音声で学ぶ：学習定着率20％

eラーニングが典型です。

ビジネス書のような「文章の羅列」と比べて、複雑な内容を図解で説明してくれたり、映像演出で強く記憶に残してくれたりします。

学習定着率は20％といわれています。

④デモで学ぶ：学習定着率30％

「デモで学ぶ」とは、いわゆる「デモンストレーション」、つまり「実演」のことを指します。

あなたも職場にＩＴツールを導入する際に、「提案書で説明されてもよくわからなかったものの、デモを見せられてはじめて良さが理解できた」という経験があるのではないでしょうか。

デモは「わからないことがあれば、その場で質問する」など、「デモをする側」と「デモを見せてもらう側」で、双方向のやり取りが発生するので、より理解が深まります。

学習定着率は30％です。

⑤周囲と議論する：学習定着率50％

「周囲と議論する」とは、たとえばグループディスカッションやワークショップなどを指します。

周囲と議論するためには、多様な意見を理解し、自分の考えと照らし合わせながら意見を確立する必要があります。

また、自分が得た学びを筋道立てて説明したり、たとえ話を使って相手にわかりやすく伝わる工夫をするなど、より能動的に関わっていく姿勢が必要となるため、学習定着率は高まります。

ラーニングピラミッドでは学習定着率は50％とされており、この時点ではじめて半分を越えます。

⑥ 実践する：学習定着率75％

先ほどの⑤を越えて⑥という段階になると、学習定着率は50％から75％へと、一気に25％も上がります。

つまり、それだけ「実践」は学びの定着につながりやすいのです。

学びを「実践」に移すと、頭の中で考えているだけではわからなかった「ニュアンス」や「勘所」が理解できるようになります。

「いざ、実践に移す」となると勇気がいるかもしれません。

しかし、すでに「10倍読書のアウトプット術」のステップ2（↓183ページ）で、さまざまなイメージトレーニングを繰り返しているはずです。ぜひ勇気を出して「打席に立つ」ことを繰り返してみてください。

打席に立つ頻度が多ければ多いほど、数多くの「ヒットを打つための勘所」が蓄積されていき、自分の財産になっていきます。

また、「ヒットを打つための勘所」がつかめるようになれば、それが自信になり、次の挑戦や冒険にも前向きになれて、新たな経験のチャンスを連れてきてくれるはずです。

⑦ 他人に教える：学習定着率90％

この段階は「自分が得た学びを他人に教える」という、学びの集大成ともいえる段階です。

学習定着率は90％ですから②と比べると、80％もの学習定着率向上が見込めます。

また、この段階こそが「誰かの役に立つこと」「組織の力に変えること」など、「相手逆算」のアウトプットが実現できる段階でもあります。

重要なことなので繰り返しますが、「アウトプット＝自分の中にあるものを外側に出すこと」ではありません。「アウトプット＝誰かの役に立ち、ありがとうと言ってもらえること」です。

したがって、「10倍読書」はもちろん、さまざまな物事から学びを得た場合には、「何の役に立つのか？」だけでなく、「誰の役に立つのか？」も意識してみてください。

その際に、自分にぶつける質問は次の通りです。


どう学びを共有すれば、その人の情熱と成長に変えられるだろうか？

社会に共有する

「アウトプット」のための
ステップ4

個人のアウトプットの影響力が高まっている

インターネットが当たり前のものになったことで、「企業から個人へ」「規模から質へ」のパワーシフトが起きているといわれます。

たしかにグーグルの検索結果に上位表示されるかどうかは、必ずしも「コンテンツを発信している企業の規模」で決まるわけではありません。たとえ一個人のブログであっても、検索利用者のニーズに合っていれば、規模が大きい企業のコンテンツより上位表示されることがあります。

これは別の言い方をすれば、「コンテンツの質が高ければ、一個人が大企業を下剋上できる世界」と言い換えることもできます。

また、ソーシャルメディアも、多くの人にシェアされるかどうかは、「企業の規模」で決まるわけではありません。たとえ一個人のつぶやきだったとしても、そこに驚きや発見、面白さがあれば、企業の公式アカウントよりもはるかに多くの人にシェアしてもらえる世界です。

また、アマゾンでも同様です。アマゾンでの売れ行きを決めるのは、「規模の大きい出版社が出している書籍だから」ではありません。アマゾンレビューという「個人の集合知」によって売れ行きが決まる時代です。

リアルの世界では、「規模」は一定の優位性を保つことができました。しかしインターネットが広く浸透した世界ではパラダイムシフトが起き、問われるのは「規模の大きさ」ではなく「質の高さ」です。

また、インターネットは「企業の公式アカウントが発信する建前・演出」よりも、「個人が発信する本音・本質」のほうが受け入れられやすい世界です。このこともまた、「企業から個人へ」のパワーシフトを後押ししているといえるでしょう。

これらを「アウトプット」という観点でとらえ直すと、たとえあなた一個人のアウトプットだとしても、その質が高ければ、「社会に共有でき、多くの人たちの力になりうる」ということを意味します。

このようなことを実現できる環境が、すでに整っているのです。

あとは、あなたが一歩を踏み出すだけです。

10倍読書の多様なアウトプット先

まずは手はじめに、書籍販売サイトや書評投稿サイトでのレビュー投稿にチャレンジしてみるのはどうでしょうか。

心の底から「素晴らしい」と思ったビジネス書なら、どのような「視点」や「法則」を学べて、「どう活かせそうか」を投稿してみるのです。

あなたのたった1つの投稿が多くの人たちの目に留まり、あなたがすすめたビジネス書を手に取るかもしれません。そのビジネス書が多くの人たちの力になり、人生を変え、より良い職業人生を歩む手助けになることができたら、これは立派な「アウトプット」だといえるでしょう。

多くの書籍販売サイトや書評投稿サイトには、投稿に対して「役に立った」「いいね」などのフィードバックがなされる仕組みが備わっています。いわば、「誰かの役に立つためにアウトプットする」という、根本動機を下支えしてくれる仕組みがあるのです。

✝アマゾンレビュー

アマゾンに限っていうと、アマゾンには「レビュワーランキング」という仕組みがあります。これは「レビューを投稿した数」や「役に立つボタンを押してもらえた数」などに応じて、アマゾンにレビューを投稿した人がランキングされる仕組みです。

「ランキングの上位を狙う」ことが本質ではありませんが、レビュワーランキングで自分の順位をチェックすることで、レビュー投稿のモチベーションを下支えし、より質の高いレビュー投稿のための参考にすることができます。

✝書評ブログ

また、あなた自身の手で「書評ブログ」を立ち上げてみるのもおすすめです。

書評ブログの場合、「アフィリエイト」という書籍販売サイトの販売代理店のような仕組みを使うことで、副収入を稼ぐことができます。

この「副収入」は、アウトプット（＝書評）の市場価値を「金額換算したもの」といえるでしょう。いわば、アウトプットが生み出した価値の対価です。

こちらも、「副収入を狙う」ことは本質ではありませんが、「副収入＝市場価値の金額換算」が、「アウトプットで誰かの役に立つ」という根本動機を下支えしてくれるはずです。

個人としての市場価値を高めるアウトプット

さらに、「企業から個人へ」の流れを受けて、「個人が社会にアウトプットする機会」は格段に増えています。

書籍販売サイトや書評投稿サイト、ブログ以外にも、たとえば「ソーシャルメディア上でのアウトプット」「ｎｏｔｅでのアウトプット」「ユーチューブ上でのアウトプット」「キンドル出版によるアウトプット」「ＰＯＤ出版によるアウトプット」など、数え上げればきりがありません。

「企業から個人へのパワーシフトが起きている」ということは、言葉を変えれば、「もう企業に頼ることはできず、個人の力が試される時代になっている」ということでもあります。

社会の役に立ち、かつ、個人としての市場価値を高めたいなら、ビジネス書から得た学びを社会に向けてアウトプットしてみてください。

第六章

ミスマッチを防ぐ！10倍読書の選書術

ビジネス書を選ぶための3つの視点

ビジネス書が読めない原因とは？

本書をお読みになっているあなたなら、これまで数々のビジネス書を読んできたと思います。

その中には、極めて役立つビジネス書もあれば、あまり役に立たなかったビジネス書も存在したことでしょう。

最悪の場合、「買ったけど、読んでない」という、いわゆる「積読《つんどく》のまま本棚にしまわれている」という状態のビジネス書もあるのではないでしょうか。

なぜ、このようなことが起きてしまうのか。

筆者は、次の3つが原因ではないかと考えています。

Ｗｈｙの視点：「何のためにビジネス書を読むのか？」が明確でない。
Ｗｈａｔの視点：「何をテーマにしたビジネス書を読むべきなのか？」が明確でない。
Ｈｏｗの視点：「どのようにビジネス書を選べばいいか？」を知らない。

✝Ｗｈｙの視点

まずは1つ目の「Ｗｈｙの視点」から説明していきましょう。

ビジネス書を読むことは、「手段」ではあっても「目的」ではありません。

もし、「ビジネス書を読むこと」自体を目的にしてしまうと、「何に役立てるためにビジネス書を読むのか？」が不明確なまま、ビジネス書を読み進めてしまうことになります。

すると、「何に役立てるのか？」という視点がないので、当たり前の結果ですが、「あまり役に立たなかった」という状態に陥ってしまいます。

✝Ｗｈａｔの視点

そして、2番目の「Ｗｈａｔの視点」がないと、どうなるでしょうか？

「何に役立てるためにビジネス書を読むのか？」という、Ｗｈｙが不明確であるということは、Ｗｈａｔである「何をテーマにしたビジネス書を読むべきなのか？」もまた不明確になってしまうことを意味します。

すると、

- どのようなビジネス書を読めばいいのか？
- どのレベルのビジネス書を読めばいいのか？

も不明確になってしまうので、その結果、「今、自分に必要なビジネス書じゃなかった」「自分のレベルと合わなかった」などのミスマッチが起きてしまい、「このビジネス書は役に立たなかった」となってしまうのです。

✝Ｈｏｗの視点

さらに、3番目の「Ｈｏｗの視点」、つまり「どのようにビジネス書を選べばいいか？」を知らないと、「ビジネス書のタイトルやキャッチコピーに騙《だま》された」という最悪の状態になってしまいます。

ここでぜひ覚えておいてほしいのは、「出版社はボランティアでビジネス書を出版しているわけではない」という点です。出版社も商売ですから、「出版文化の担い手」という志は持ちつつも、当然、利益は考えます。

だとすれば、読者側からすれば、「ビジネス書は商品である」ということを十分に織り込んだうえで、「ビジネス書選び」をする必要があるのです。

ではいったい、どのようなプロセスでビジネス書を選べばいいでしょうか？

ここからは、「Ｗｈｙの視点」「Ｗｈａｔの視点」「Ｈｏｗの視点」という３つの視点に照らしながら、筆者が考えるビジネス書の選び方をお伝えしていきます。

何のためにビジネス書を読むのか？　Ｗｈｙの視点

「Ｗｈｙ：何のためにビジネス書を読むのか？」を明確にするには、次の３つを上から順番にたどっていくことが有効です。

①Ｂｅ（＝状態）：そもそも自分はどう在りたいと願っているのか？

②Ｄｏ（＝行動）：その状態に近づくために、自分はどのような行動をとればいいのか？

③Ｈａｖｅ（＝道具）：その行動を取るためには、どのようなビジネス書が必要なのか？

たとえば、あなたがグラフィックデザイナーだったとしましょう。

- グラフィックデザインを極めることで、ゆくゆくは日本で5本の指に入るグラフィックデザイナーになりたいのか？（＝Ｂｅ）
- デザインとマーケティングを掛け合わせることで、マーケティングがわかるクリエイティブディレクターとしての道を進みたいのか？（＝Ｂｅ）

このいずれかで、あなたが起こすべき行動（＝Ｄｏ）は変わるはずです。

仮に「日本を代表するグラフィックデザイナーになりたい（＝Ｂｅ）」のなら、そのために必要な要素を洗い出し（＝Ｄｏ）、グラフィックデザイナーとして自分が足りてない部分を補ってくれるビジネス書を探す（＝Ｈａｖｅ）はずです。

一方で、「デザインとマーケティングを掛け合わせたクリエイティブディレクターになりたい（＝Ｂｅ）」のなら、デザインとマーケティングを掛け合わせるうえで必要な要素を洗い出し（＝Ｄｏ）、その結果、デザインとマーケティングの両方が重要である「ブランディング」に着目し、ブランディングの知識やノウハウが手に入るビジネス書を探す（＝Ｈａｖｅ）ことになるかもしれません。

このように、

①Be（＝状態）：そもそも自分はどう在りたいと願っているのか？

②Do（＝行動）：その状態に近づくために、自分はどのような行動をとればいいのか？

③Have（＝道具）：その行動を取るためには、どのようなビジネス書が必要なのか？

という3つの視点を右から順番にたどることができれば、「何に役立てるためにビジネス書を読むのか？」を明確にすることができるようになります。

何をテーマにしたビジネス書を読むべきなのか？　Whatの視点

続いては、「What：何をテーマにしたビジネス書を読むべきなのか？」を明確にするステップです。

ここでは、

「全体」と「部分」の視点

が極めて重要になります。

ここで話をわかりやすくするために、再度、デザイナーの話を例に説明を続けます。

デザイナーであるあなたは、自分なりに「Be‐Do‐Have」を考えて次の結論に至ったとします。

①Be：デザインとマーケティングを掛け合わせたクリエイティブディレクターになりたい。
②Do：そこで、デザインとマーケティングを掛け合わせるうえで必要な要素を洗い出した結果。
③Have：ブランディングの知識やノウハウが手に入るビジネス書を探したい。

そして、「ブランディング」に対して、

「全体」と「部分」の視点

を取り入れることができれば、「ブランディングというジャンル全体の中に、個別の専門ジャンルが存在しているのかもしれない」という可能性に思いが至るようになります。

実際に調べてみると「ブランディング」には、

全体：ブランディング
ブランディングの中にある個別の専門ジャンル：
ブランド戦略
ブランドマーケティング
企業ブランディング
ブランドデザイン
ブランドマネジメント

などのジャンルがあることがわかります。

もし、「デザインには長《た》けていても、ブランディングに関してはまったくの門外漢」だったとしたら、いきなり個別のジャンルに立ち入っても「ブランディング全体の中での位置づけ」がわからなくなるため、かえって混乱してしまうかもしれません。

だとしたら、多少は回り道になっても、まずは「ブランディング全般」の概要を解説しているビジネス書を選び、ブランディングの大まかな概要をつかんだ後で、個別のジャンルのビジネス書を読んで補強していく、という流れのほうが確実でしょう。

一方で、すでにあなたがブランディングの大まかな概要を理解できているなら、個別のジャンルの中で「自分が疎いジャンル」のビジネス書を選び、知識やノウハウを補強していけば問題ないでしょう。

そうすれば、あなたのＢｅである「デザインとマーケティングを掛け合わせたクリエイティブディレクター」に近づいていくことができます。

どのようにビジネス書を選べばいいか？　Ｈｏｗの視点

続いては、「Ｈｏｗ：どのようにビジネス書を選べばいいか？」を理解し、実際のビジネス書選びに役立てるプロセスです。

実際にビジネス書を選ぶときに必要な視点は、大きく分けて3つあります。

内容：自分が求める内容とビジネス書の内容がマッチしているか？
信頼性：ビジネス書の内容は信頼できるか？
レベル：自分のレベルとビジネス書のレベルはマッチしているか？

まずチェックしたいのは、「内容の視点」、つまり「自分が求める内容とビジネス書の内容がマッチしているか」です。

ビジネス書に限らず、多くの書籍は「お金を払った後でしか内容や品質がわからない」典型的な「経験財」です。したがって、よほど注意深く選ばないかぎり、多かれ少なかれ期待と内容の「ミスマッチ」が起きてしまいます。

✝タイトル、帯文　内容①

このミスマッチを防ぐために最も重要なのは、「ビジネス書のタイトルや装丁・帯に惑わされない」ことです。

あなたの想像通り、ビジネス書の中身は著者が書いています。しかし、あまり知られていないことですが、ビジネス書のタイトルや装丁、帯文などの惹句《じゃっく》は出版社が決めています。著者に最終決定権はないのです。

一般の感覚からすると「何で？」と思うかもしれませんが、これには理由があります。

著者は、いったん原稿を書き上げてしまえば、ノーリスクで印税が入ってきます。たとえば、「初版６０００部を刷る」と決まったら、たとえ１００部しか売れなかったとしても「６０００部刷った分」の印税が入ります。

一方で、出版社は事情が異なります。出版社は６０００部刷って全国の書店に配本したとしても、100部しか売れなければ5900部は返本になります。得られる収益は売れた100部分だけで、残りの5900部の制作費は赤字となって、出版社が被ることになります。しかも、返本された本を保管する倉庫代もかかりますし、在庫は税法上では資産と見られるので税金もかかるといいます。つまり出版社は、全面的に書籍販売の投資リスクを負っているのです。

したがって、出版社からすれば「出版文化の担い手である」という矜持《きょうじ》はありつつも、一方で「商品として売れるか？　売れないか？」は極めて重要です。出版社の皆さんも、霞を食べて生きていけるわけではありませんから、「書籍が売れる」ことは必要不可欠なのです。

このような理由から、書籍販売に直結していく、「タイトル」「装丁」「帯」は出版社の責任として担い、検討に検討を重ねることになるのです。

しかしこれが行き過ぎると、大きな副作用を生み出します。それが「釣りタイトル」です。「売らんかな」が行き過ぎてしまうと、書店で目を引くために、たとえそのビジネス書に書かれた本質や、著者が伝えたかったことから外れても、「手に取ってもらえそうな釣りタイトル」をつけてしまうことがあります。

その結果、ビジネス書を読む側からすれば、時に「思ってたのと違った」「タイトルに騙された」となってしまうのです。

このことを防ぐためには（編集者には大変申し訳ないのですが）「タイトルや装丁、帯は参考にしない」ことです。

✝目次　内容②

では、「自分が求める内容とビジネス書の内容がマッチしているか？」を確かめるためには、何を参考にすればいいでしょうか？

まず1つ目は「目次」です。目次は「本文の内容をまとめたもの」ですから、ざっと目次を確認することで、ビジネス書に書かれているおおよその内容を把握することができます。

しかし、編集者は「読者は目次を参考にビジネス書を選ぶ」ことも織り込み済みです。よって、原稿の校正段階で、目次をキャッチーなものに仕立ててくる場合があります。

✝まえがきの「本書の構成」　内容③

そこでぜひおすすめしたいのは、書店での立ち読み段階で、ビジネス書の「はじめに」や「まえがき」のパートを読んでみることです。

親切なビジネス書になると「はじめに」や「まえがき」の中に、「本書の構成」というパートを用意しています。いわば、各章ごとに「何が書いてあるか」を説明してくれているパートです。

たとえば、拙著『問題解決力を高める推論の技術』の場合、「本書の構成」には次の文章が書かれています。

第一章では、本書における「推論力とは何か?」を定義し、推論力を身につけるべき五つの理由について解説する。

この章をお読みになれば「推論力」はビジネスパーソンに必須となるさまざまなスキルの「中核」に存在し、かつ、これからの時代に求められる希少性の高いスキルであることがご理解いただけるはずだ。

第二章では「優れた洞察を生み出す推論法」である帰納法について解説する。帰納法といえばロジカルシンキングを学ぶうえで必須の論理展開とされるが、巷の解説の多くは「論理展開の方法」にしか触れられていない。しかし、真の意味で帰納法をマスターするなら「論理展開の方法」だけでなく、「頭の使い方の手順」や「どのような局面で実務に活かせるのか?」を理解し、習慣化することが極めて重要になる。

よって本書では「帰納法の頭の使い方」を丁寧にひもとく。また、単に帰納法の説明だけでなく、帰納法の限界を逆手にとって応用することで、これまでの常識とは異なる新しい可能性を見いだす方法についても解説する。(以下、省略)

「はじめに」や「まえがき」の中に書かれた「本書の構成」というパートは、すでにそのビジネス書の本文であることから、「編集者がキャッチーに仕立てる」ことはほとんどありません。

言い換えれば、一番ストレートに「何が書いてあるか」がわかる部分なので、「ミスマッチ」を防ぐために慎重を期すなら、ビジネス書の「目次」だけでなく、「まえがき」の部分に記載されている「本書の構成」も参考にしてみてください。

✝そのジャンルを書くに値する経歴を持った著者か？ 信頼性

続いては「信頼性の視点」についての説明に移りましょう。

内容に対する信頼性を確認するために、ぜひチェックしてほしいのは「著者の経歴」です。読もうとしている本のジャンルについて、「実績がある著者なのかどうか？」を確認してください。

たとえば、読もうとしているビジネス書がマーケティング系のビジネス書であれば、「マーケティング分野での実務経験があるか？」「マーケティングの研究分野でアカデミックな実績があるか？」は、内容の信頼性を確認するうえで参考になるでしょう。

近年ではソーシャルメディアが浸透し、続々と「ツイッター有名人」「著名ユーチューバー」などソーシャルメディア出身の有名人が生まれています。このような有名人はフォロワー数やチャンネル登録者数がケタ違いに多いため、出版社がいわゆる「信者買い」を当てにして執筆依頼をしているケースもあります。

もちろん、すべてのソーシャルメディア有名人がそうだというわけではありませんが、中には「専門外のことを書かされている？」と思えるようなビジネス書もなくはないので、もし著者がソーシャルメディア有名人の場合は、事前に「どのような内容のコンテンツを発信している人なのか？」をチェックしておくことをおすすめします。

✝レベルを知るための4つのチェックポイント

続いては「レベルの視点」です。

どんなにあなたが求めている内容とビジネス書の内容がマッチしていても、どんなにビジネス書の内容の信頼性が高くても、求めているレベルとビジネス書のレベルにミスマッチがあれば、「最後まで読み切れなかった」「自分の身にならなかった」で終わってしまいます。

そこで、ビジネス書を選ぶときには、次の4つをチェックしてみてください。

- 「専門用語」の多さ
- 「難解な用語」の多さ
- 「論理展開」の一貫性のなさ

・「抽象度のレベル」の高さ

✝「専門用語」の多さ　レベル①

もし選ぼうとしているビジネス書をチェックしてみて、知らない専門用語が多ければ、そのビジネス書は今のあなたにとって早すぎます。

よって、まずは専門用語の意味からやさしく説明してくれている、初心者向けのビジネス書を選んだほうが無難でしょう。

✝「難解な用語」の多さ　レベル②

「難解な用語」が多いビジネス書も同様です。

特にアカデミックな世界の著者に多いのですが、「学問上の言葉の定義の厳密さ」を優先するあまり、論文のように難しい言葉を多用しているビジネス書が存在します。こちらも、はじめは避けたほうが無難でしょう。

もう少しやさしいビジネス書を読み、ある程度の知識や考え方が身についた段階で、「理論的・体系的に整理する」ために読むのが有効です。

†「論理展開」の一貫性のなさ　レベル③

また「論理展開の一貫性のなさ」も事前にチェックしておきましょう。

特に、複数の著者がオムニバス形式で書いているビジネス書は注意が必要です。著者ごとに「論理」が微妙に異なるため、同じビジネス用語を使っていても、それぞれの解釈が微妙に異なる、みたいなことが生じがちです。

知識が浅い段階で、「論理が一貫してないビジネス書」を読んでしまうと、「結局、何がどうなっているんだろう？」という感想になってしまい、かえって混乱してしまうことになります。

よって、必ずしも論理の一貫性が保たれていないビジネス書は、「自分なりの論理」を形づくった後に、視野を広げる段階で読むようにしましょう。

†「抽象度のレベル」の高さ　レベルの④

「ビジネス書のレベル」の最後のチェック項目は「抽象度のレベルの高さ」です。

「抽象度のレベル」とは、本書でお伝えした「抽象化の度合い」のことを指します。つまり、「抽象度のレベルが高い」ということは、身近な事例があまりなく、著者の主張を自分事として実感しにくい、「概念的な話が進む」ということを意味します。

これはこれで「応用範囲を広げる」という意味では有効なのですが、逆を言えば「具体的にイメージしづらい」ことが難点です。

本書の読者の大半はビジネスパーソンでしょうから、重要なのは「考え方（＝概念）」と「実例（＝具体）」の往復です。

そうである以上、まずは抽象レベルが高いビジネス書は避けて、考え方と実例がバランスよく書かれているビジネス書を選んだほうがいいでしょう。

✝ビジネス書を選ぶときは、真ん中あたりを読むべし

「ビジネス書のレベル」を把握するには、ビジネス書のちょうど真ん中付近を開いて、2〜3ページほど立ち読みしてみてください。それでおおよその「レベル感」はつかめるはずです。

なぜ、「ビジネス書の真ん中付近」なのかというと、多くの場合、ビジネス書の前半は「なぜ、このビジネス書に書かれているテーマが重要なのか？」という「意義」が書かれます。

しかし、「意義」は本筋の内容を読み進めてもらうための「導入」でしかないので、そこを読んでも、「本筋の内容のレベル感」はわかりません。

一方で、ビジネス書の後半は重要度が低く、場合によっては必要な文字数を埋めるための「余談」になってしまっているビジネス書も散見されます。

これらのことを踏まえると、ビジネス書の後半を読んだとしても、やはり「本筋の内容のレベル感」はわからないでしょう。

図13 ビジネス書を選ぶ際の視点と流れ

Whyの視点 「何のためにビジネス書を読むのか？」を以下の順番で明確にしていく。

☑ Be（＝状態）：そもそも自分はどう在りたいと願っているのか？
☑ Do（＝行動）：その状態に近づくために、自分はどのような行動をとればいいのか？
☑ Have（＝道具）：その行動を取るためには、どのようなビジネス書が必要なのか？

▼

Whatの視点 「何をテーマにしたビジネス書を読むべきなのか？」を「全体」と「部分」に分けて判断する。

☑ どんなテーマ、ジャンルを選ぶか？
☑ そのテーマやジャンルには、どのような個別・専門のテーマやジャンルがあるか？

▼

Howの視点 「どのようにビジネス書を選べばいいか？」を、「内容」「信頼性」「レベル」の観点からチェックする。

内容：自分が求める内容とビジネス書の内容がマッチしているか？

☑ タイトル、帯文
☑ 目次
☑ まえがきの「本書の構成」

信頼性：ビジネス書の内容は信頼できるか？

☑ そのジャンルを書くに値する経歴を持った著者か？

レベル：自分のレベルとビジネス書のレベルはマッチしているか？

☑「専門用語」の多さ
☑「難解な用語」の多さ
☑「論理展開」の一貫性のなさ
☑「抽象度のレベル」の高さ
☑ ビジネス書を選ぶときは、真ん中あたりを読むこのように考えていくと、ビジネス書で著者が最も伝えたい「本筋の内容」は、「ビジネス書の真ん中付近」に記載されていることがわかります。

よって「ビジネス書のレベル」を把握するには、ビジネス書の真ん中付近を試し読みしてみるのがベストなのです（図13）。

オンライン書店を活用した本の選び方の5ステップ

前節では、「Why‐What‐How」の3視点で「役立つビジネス書の選び方」をお伝えしました。

これらの選び方は「目次をチェックする」「まえがきの中の『本書の構成』チェックする」など、どちらかと言えば「街の書店で、立ち読みができる」ことを前提とした選び方です。

しかしオンライン書店の場合は、必ずしも「目次」や「まえがき」をあらかじめチェックできるとはかぎりません。

したがって、ここからはオンライン書店派の読者のために、筆者がよくやっている「アマゾンでのビジネス書の選び方」をお伝えしましょう。

オンライン書店派の多くは、たとえば「ロジカルシンキングの本が欲しい」と思ったら、アマゾンの検索窓に「ロジカルシンキング」とキーワードを打ち込んでビジネス書を探すのではないでしょうか。

しかし筆者の場合は、次のようなステップでビジネス書を選ぶようにしています。

ステップ1：「売れ筋ランキング」をチェックする。
ステップ2：「人気ギフトランキング」をチェックする。
ステップ3：「発売年」をチェックする。
ステップ4：「カスタマーレビュー」の5段階評価をチェックする。
ステップ5：「カスタマーレビュー」のレビュー内容をチェックする。

以下、この5つのステップを説明していきましょう。

「売れ筋ランキング」をチェックする　ステップ1

筆者の場合、まずチェックするのが「ジャンル別のアマゾンランキング」です。

たとえば「ロジカルシンキング」の場合、アマゾンランキングをたどっていくと、次のように「ロジカルシンキングジャンル」の売れ筋ランキングにたどり着くことができます（写真4）。

このページでは、ロジカルシンキングに関する書籍が「売れ筋順」に並んでいるので、ま

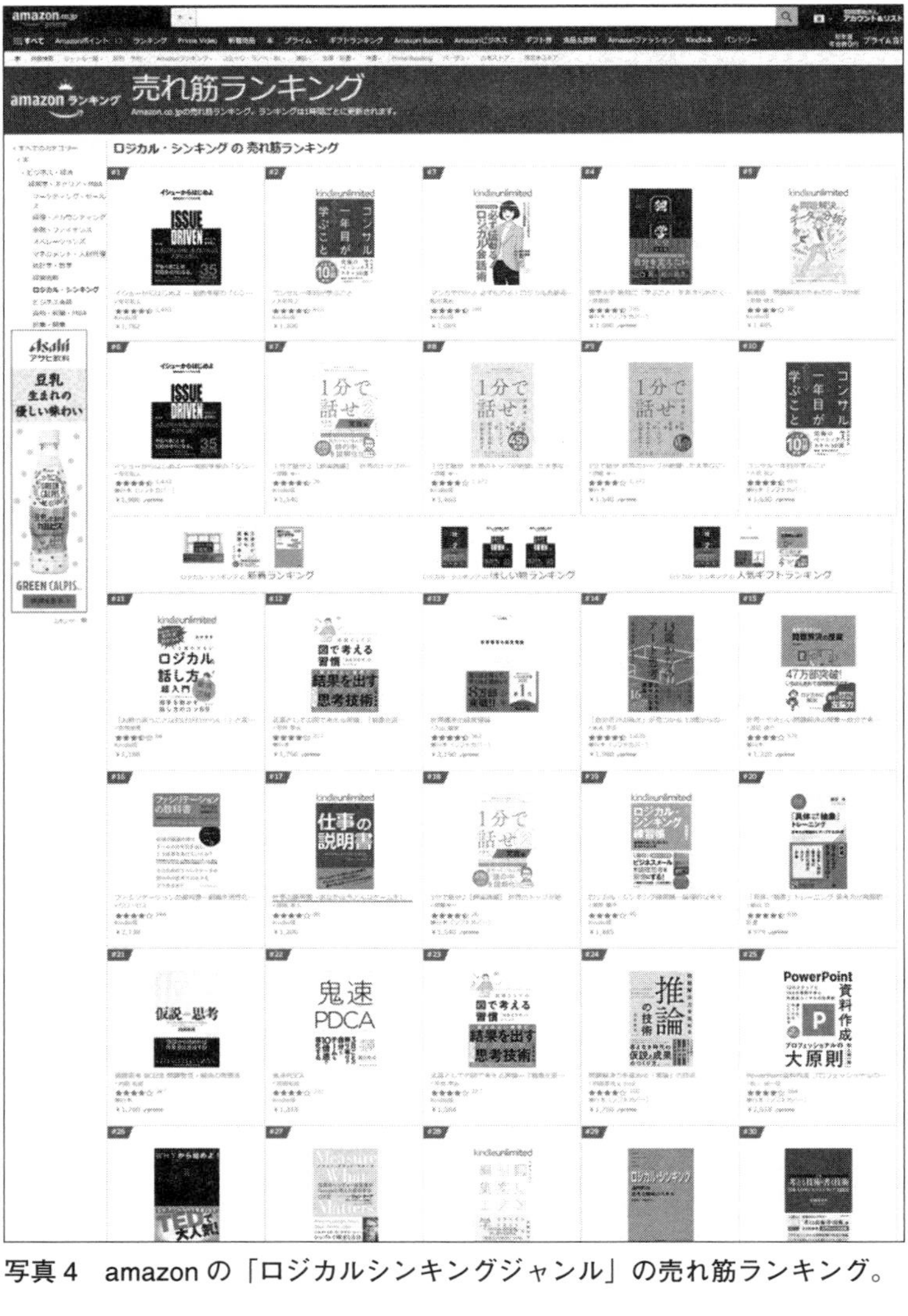

写真４　amazon の「ロジカルシンキングジャンル」の売れ筋ランキング。

ずは「どの本が売れているのか？」をチェックしておきましょう。

ステップ2 「人気ギフトランキング」をチェックする

しかしアマゾンの売れ筋ランキングは、そのまま鵜呑みにできません。なぜなら、必ずしも「売れている本＝自分にとっての良書」とは限らないからです。

たとえば、ツイッター有名人やユーチューバー、あるいは多くの会員を擁するサロンオーナーが出しているビジネス書などは、いわゆる「信者買い」に支えられてランキング上位に来ている場合があります。

また、アマゾンの売れ筋ランキングは1時間ごとに更新されるので、「たまたまその1時間に、瞬間風速で売れた」場合も上位にランキングされます。

そこで筆者は、「売れ筋ランキング」だけでなく、「人気ギフトランキング」にも目を通すようにしています（写真5）。

アマゾンの「人気ギフトランキング」は、そのビジネス書がどれくらい「アマゾンのギフト設定で売れたか？」を集計し、ランキングしたものです。こちらは1日ごとの更新です。

筆者の経験上、アマゾンの「人気ギフトランキング」で上位にランキングされている書籍は、良書である確率が極めて高いといえます。

写真5　amazonの「人気ギフトランキング」。

なぜなら、そのビジネス書が「ギフトとして売れている」ということは、

「わざわざ自分がお金を払ってでも、他人にすすめたいビジネス書」

であることを意味するからです。「ビジネス書を他人にすすめる」という行為自体、少なからず、すすめた本人には責任が伴うものです。それに加えて、「自腹を切ってでも」となれば、そのビジネス書が良書であることの真実味は、かなり高いといえるでしょう。

ステップ3 「発売年」をチェックする

さらに、筆者はそのビジネス書の書籍紹介ページを開いて、「登録情報」の欄にある「発売年」もチェックします。そして、できるだけ発売年から「年数が経っている」ビジネス書を選ぶようにしています。

ここで、あなたは不思議に思われたかもしれません。

一般的には、最新の情報や知識が得られる「新刊」のほうに、つい目が向きがちだからです。

しかし、

- 現在の「売れ筋ランキング」の上位にランキングされていて、
- かつ、現在の「人気ギフトランキング」の上位にもランキングされていて、
- さらに「発売年」が古い。

ということは、その時々で消費されてしまう「知識」ではなく、時代の評価に耐え、長年の時を経ても通用する、普遍的な「視点」や「法則」が書かれていることを意味します。

発売年が古い書籍は、いわゆる「古典」と呼ばれますが、多くの有識者がこぞって「古典」をすすめるのは、このような理由があるからなのです。

「カスタマーレビュー」の5段階評価をチェックする　ステップ4

「発売年」をチェックしたら、続いてカスタマーレビューをチェックします。

カスタマーレビューをチェックする際に、まず目に留まるのは5段階評価の総合得点でしょう。

多くの読者は、「4点以上なら合格」「3点台だと、やめとこうか悩む」というのが正直な感覚ではないでしょうか。

しかし筆者の場合、5段階評価の総合得点はほとんど参考にしていません。さすがに3点

台前半だと迷いますが、筆者が重視しているのは総合得点ではなく、「星5つと星1つが分散している度合い」です。つまり「星5つ」と「星1つ」の両方が多いビジネス書を選ぶようにしているのです。

「星5つ」と「星1つ」が分散しているということは、著者の視点や見解に対して、「賛否両論がある」ということを意味します。これは「視点読書」という点では極めて好都合なのです。

なぜなら、「視点読書」の観点からすれば、内容自体の賛否は別にして、そのビジネス書から「自分にはない視点」が得られれば、それは「自分にとって良書である」と言えるからです。

「カスタマーレビュー」のレビュー内容をチェックする　ステップ5

最後は、カスタマーレビューのレビュー内容のチェックです。

筆者は、カスタマーレビューの種類を大きく分けて次の3つに分類しています。

①感情的レビュー
②自己本位レビュー

③ 客観的レビュー

① 感情的レビュー

1つ目の「感情的レビュー」とは、なんらかの理由でレビュワーが冷静さを失っており、極めて感情的な文章が綴られているレビューを指します。

たとえば、次のようなものが典型です。


「この本はゴミ。読むだけ時間の無駄」

「典型的な駄本。100円の価値もない」

「二度とこの著者の本は買いません！」


このようなレビューは、多くの場合「釣りタイトル」が原因で起こります。タイトルに期待してお金を払ったにもかかわらず、「タイトルと内容が大きく違った」場合に、読者は「騙された」と憤りを感じ、感情的レビューを書いてしまうのです。

あなたが選ぼうとしているビジネス書に感情的レビューが散見される場合には、先ほどお伝えしたように、「目次をチェックする」「まえがき部分の本書の構成をチェックする」などをして、「本当に自分が求めている内容が書かれているのか？」を確かめてみてください。

② 自己本位レビュー

続いて2つ目は、「自己本位レビュー」です。

「自己本位レビュー」とは、「レビューの読み手側の立場」に立つのではなく、あくまで「自分本位」で書かれているレビューのことを指します。

たとえば次のようなレビューが典型です。

「目新しい内容は何もなかった」
「すでに知っていることばかり書いてあった」
「内容が薄い」

「目新しい内容は何もなかった」というレビューは、「レビュワー本人にとっては」目新しい内容がなかったという意味であり、ほかの人にも当てはまるかどうかはわかりません。目新しいかどうかは、人それぞれが持っている前提知識で変わります。

レビューとは、本来「レビューを読む人の書籍選びに役立つ内容」である必要がありますが、残念ながら右記のようなレビューは、「レビューの読み手側の立場」に立っていません。よって、筆者の場合は、ほとんど参考にすることはありません。

③ 客観的レビュー

筆者が最も参考にするのは、「客観的レビュー」です。

客観的レビューとは、書籍の内容に基づいて「こう役立てられそうだ」など、レビューの読み手側のメリット・デメリットを伝えてくれているレビューです。

たとえば、次のようなレビューコメントです。

「現場の生々しいリアルが書かれているので、実務の参考になる」
「理論が体系的にまとめられているので、行動の指針になる」
「具体的な事例が書かれていないので、イメージしづらい」

このように、「書籍の内容」という「客観的事実」を評価しながら、「こう役立てられそうだ」というアウトプットに言及されているレビューは大変ありがたく、大いに参考になります。

これらのように、カスタマーレビューの中身は玉石混交です。

よって、ぜひ「感情的レビュー」「自己本位レビュー」「客観的レビュー」の分類を参考にしながら、自分なりの「レビューコメントリテラシー」を高めて、より良いビジネス書選びにつなげてください。

ビジネス書選びのための「ビジネススキルマップ」

ここまで読んで、おおよその「ビジネス書の選び方」はイメージできたことでしょう。

一方で、「そもそも、どのビジネス書を読めばいいか、見当すらつかない」という方もいらっしゃるかもしれません。

よって、ここではビジネス書選びの参考にしてもらうために、筆者が考えた「ビジネススキルマップ」を紹介します（図14）。

「ビジネススキルマップ」とは、身につけると役に立つであろう、ビジネススキルを体系的に整理した、「ビジネススキルの地図」だと考えてください。

「ビジネススキルマップ」を参考に「自分が足りてないスキル」や「自分が伸ばしたいスキル」を発見できれば、ビジネス書選びに役立てることができるでしょう。

なお、本書では、おすすめするビジネス書の具体名は出しません。

なぜなら、本書は書評の本ではありませんし、「ビジネス書の選び方」自体も、あなたが

図14 ビジネススキルマップの全体像

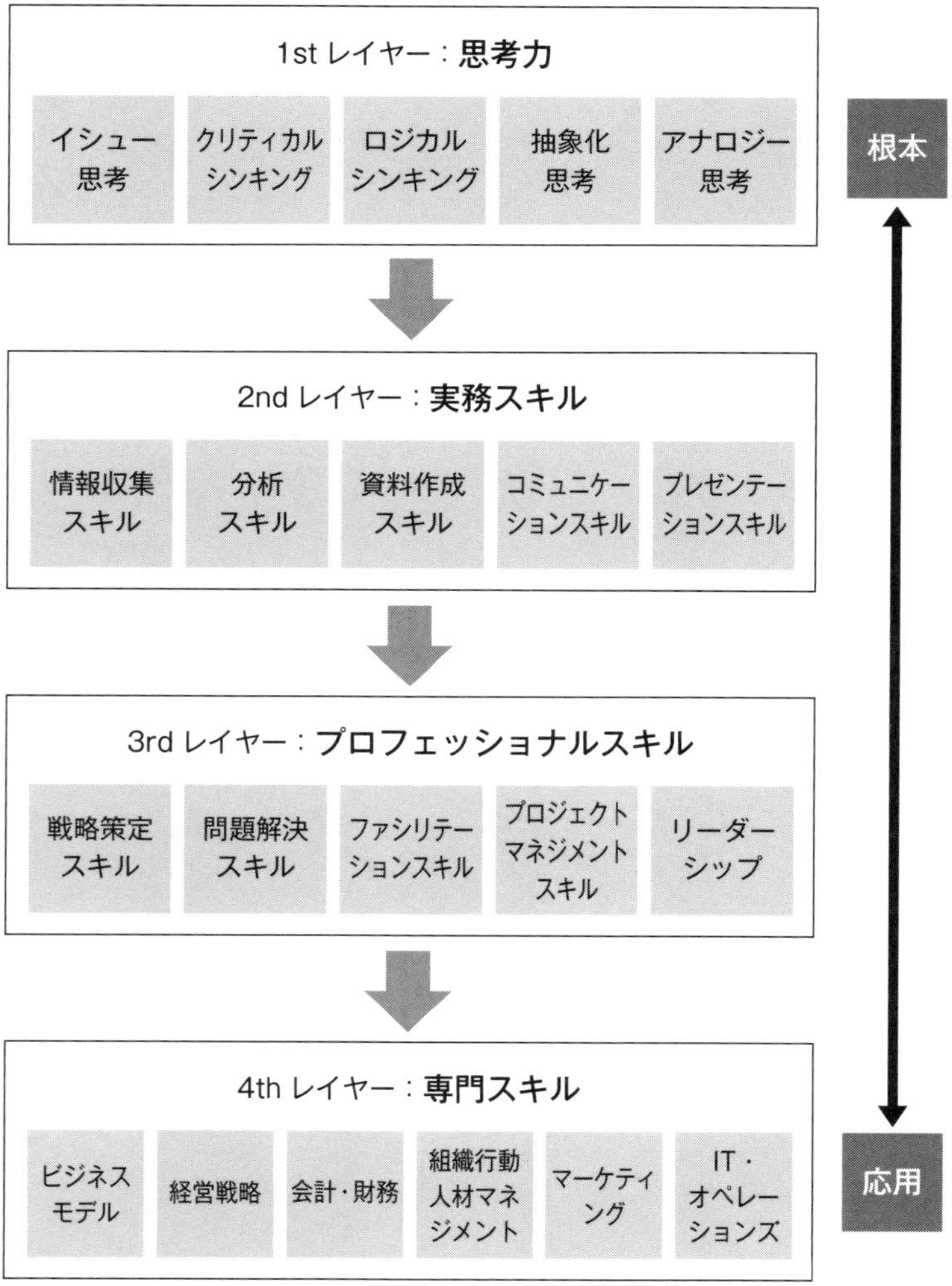

1st レイヤー：思考力
イシュー思考
クリティカルシンキング
ロジカルシンキング
抽象化思考
アナロジー思考
2nd レイヤー：実務スキル
情報収集スキル
分析スキル
資料作成スキル
コミュニケーションスキル
プレゼンテーションスキル
3rd レイヤー：プロフェッショナルスキル
戦略策定スキル
問題解決スキル
ファシリテーションスキル
プロジェクトマネジメントスキル
リーダーシップ
4th レイヤー：専門スキル
ビジネスモデル
経営戦略
会計・財務
組織行動人材マネジメント
マーケティング
IT・オペレーションズ
根本
応用

身につけるべき重要なスキルの1つだからです。

ぜひ、「ビジネススキルマップ」をベースに、これまでお伝えした選書術を参考にしながら、自分なりの「ビジネス書の選び方」を身につけていってください。

思考力　ビジネススキルマップのファーストレイヤー

これまで何度もお伝えしてきた通り、人は自分の頭で考えられる範囲が、自分の行動の限界を決めてしまいます。

ビジネス活動は、

- 情報収集
- 分析
- 打ち合わせ
- 資料作成
- 提案

など多岐に渡りますが、その根本にあるのは、

- 「どのような情報収集をするか？」を考える力。
- 「どのような分析をするか？」を考える力。
- 「どのような打ち合わせをするか？」を考える力。
- 「どのような資料を作成するか？」を考える力。
- 「どのような提案をするか？」を考える力。

などの「思考力」です。

もし思考力が足りなければ、どんなにこれらのスキルをビジネス書で学んだとしても、「書いてあることを、そのまま再現できるだけ」であって、「書いてあることを（自分の頭で考えて）応用する」ことはできません。

時々、「一生懸命ビジネス書を読んでも、なかなか身につかない」と悩んでいる人を見かけますが、多くの場合「思考力が足りないために、ビジネス書で学んだことを実務に応用できない」ことが原因です。

つまり「知識の暗記」に留まってしまっているのです。

思考力はあらゆるビジネススキルの根本に位置するするスキルです。

いわば、

思考力が足りなければ↓ほかのどのビジネススキルも向上しない。

という関係にあるので、もしあなたが、「自分には、考える力が足りない」と感じるなら、真っ先に身につけておきたいスキルです。

では、いったいどのような「思考力」を身につけておくべきでしょうか？

✝イシュー思考（＝論点思考）

第三章でもお伝えしましたが、「イシュー」とは「白黒つけるべき重要な問題」のことを指します。

ビジネスにおいて「白黒つけるべき重要な問題」を間違うということは、いわば「何を考えるべきか？」を間違えてしまうことを意味します。「何を考えるべきか？」を間違えれば、「そもそも的外れなことを考えてしまっている」状態になるので、解いた答えも当然間違うことになります。

だとすれば、物事を考える際にまず重要なのは、「問題を正しく解くこと」以前に、「白黒つけるべき問題を見極めること」です。

あなたがビジネス書を通して、多くの「視点」や「法則」を手に入れることができれば、「何を考えるべきか？　を間違えない力」を手に入れることができるでしょう。

✝クリティカルシンキング

クリティカルシンキングとは、物事を鵜呑みにせずに吟味し、適切に疑う思考力のことを指します。さきほどの「イシュー」との関連でいえば、「そのイシューが適切かどうか？を疑う力」ともいえるでしょう。

もし、あなたがビジネス書を通してクリティカルシンキングを身につけることができれば、これまでの当たり前や常識を覆し、物事の新たな側面を発見できるようになります。

別の言葉でいえば、1つの側面に囚われることなく中立的にさまざまな角度から物事を考えることで、新たな可能性を切り拓く力ともいえるでしょう。

これからの時代に求められるのは「決まったことを正確にできる人材」ではなく、「自分の頭で考え、新しい価値を生み出せる人材」です。そのカギを握るのがクリティカルシンキングなのです。

✝ロジカルシンキング

ロジカルシンキングとは、「物事を体系的に整理し、筋道立てて矛盾なく考える思考法」のことを指します。

ここまでお伝えした「イシュー思考」「クリティカルシンキング」は、「何を考えるべきか？」に関係する力でしたが、ロジカルシンキングは「どう考えるべきか？」に関係する力といえるでしょう。

もし、あなたがビジネス書を通してロジカルシンキングを学べば、「分析力」や「問題解決力」に大きく役立つはずです。

世の中に現れる現象の多くは、さまざまな要素が複雑に絡み合っており、ただ漠然と「全体」をとらえただけでは、役に立つ示唆は得られにくいものです。

世の中の現象を正しく分析するには、それらを全体としてとらえるだけでは不十分であって「個々の要素を吟味し」さらに「それぞれの関係がどうなっているのか？」まで深掘りしていく必要があります。

ロジカルシンキングをマスターすることができれば、さまざまな現象や問題に対して「適切に要素を分解し」「要素間の関係を見極め」「適切な判断や対応策を導き出す」分析力を高めることができるようになります。

そして、問題解決能力の向上にもつながります。

「問題」には、必ずそれを引き起こしている原因が存在します。原因に対して解決策を講じないかぎり、すべての施策は対症療法止まりになってしまうでしょう。

その結果、原因が取り除かれていないのですから、施策の成果は限定的となり、いずれ同じ問題が再燃してしまうことになります。

これらを踏まえれば「問題解決」には、

- 問題の発生場所の特定（＝全体と部分の包含関係）
- 問題の根本原因の特定（＝全体と部分の因果関係）

の2つをとらえる能力が必要であることが理解できると思います。

したがって、ビジネス書を通してロジカルシンキングをマスターすることができれば、「ロジックツリー」など論理的思考のフレームワークを使って、ロジカルに問題の発生場所を特定し、根本原因を突き止めることができるようになるでしょう。

✝抽象化思考

ここまでお読みのあなたなら、すでに「抽象化思考」の意味はわかっているはずです。

抽象化思考とは「個別具体的な物事から離れて、より応用範囲の広い概念としてとらえ直す力」のことを指します。抽象化思考を学ぶことができれば、「柔軟な発想力」を手に入れることができます。

残念ながら、「個別具体的な物事」を見ているだけでは、柔軟な発想力は身につきません。

なぜなら「個別具体的」とは、非常に限定された狭い範囲に目を向けることであって、周囲の広い範囲を見えなくしてしまうからです。

一方で、抽象化思考を自由自在に操ることができれば、「個別具体的」という狭い範囲から離れて応用範囲が広がり、物事を広く発想しやすくなります。

よく、「日本企業は、改善は得意だが、創造やイノベーションは苦手」といわれます。これは目に見える「個別具体的な物事」を改善することは得意である反面、目に見えない「概念」をとらえ、新しいコンセプトを生み出すのが苦手、という意味だと解釈できます。

抽象化思考をうまく使いこなすことができれば、これまでよりはるかにアイデアやイノベーションを生み出しやすくなるはずです。

✝アナロジー思考

アナロジー思考とは「自分が知っている知識や経験」を、「自分が知らない分野」に当てはめて応用する思考を指します。

スタートアップ企業の起業家のインタビュー記事などで、「遊ぶことで仕事のヒントが得られる」「遊んでいる時に新しいビジネスの発想が思いつく」などの話を読んだことはありませんか。

これなどは「遊び」から得た学びを、「事業」というまったく異なる分野に応用できる、という意味です。

また、大企業の経営者が好んで「戦国武将の本」や「スポーツ監督の本」を読むのも、異なる分野から得た学びを、自社のビジネスに応用して活かしたいと考えているからです。

このようにアナロジー思考ができる人は、あらゆる物事から学びを得て、異なる分野に応用する能力を身につけています。

このため、アナロジーができない人と比べて、1つの経験から得られる学びの量が数倍多いのが特徴です。

また、他業界の成功事例も自社に応用して考えることができるため、発想の幅が広いのも特徴です。ブレーンストーミングなどをしていても、過去の事例や他業界の事例から学びを得て、自社に当てはめて考えることができるのです。

逆を言えば、アナロジー思考が苦手な人は、自分の経験から「学びを導き出し、応用する習慣」がないため、「これはこれ、あれはあれ」と別々に考えてしまいます。そのため、発想の幅が狭く、応用が利かなくなってしまうのです。

したがって、多くの分野から学びを得て、学びの応用範囲を広げたいなら、アナロジー思考は必要不可欠な思考力といえるでしょう。

実務スキル　ビジネススキルマップのセカンドレイヤー

続いては、ビジネススキルマップのセカンドレイヤーである「実務スキル」について説明します。

実務スキルを身につけることができれば、ビジネスのさまざまな局面で、スムーズに実務を進めることができるようになります。

しかし重要なことなので繰り返しますが、実務スキルは、しょせんは「思考力」の結果としての上澄みでしかありません。

「思考力が足りなければ↓ほかのどのビジネススキルも向上しない」という関係にあるので、「実務系のスキルが足りない」と感じているのだとしたら、「実務スキルの不足」だけでなく、同時に「思考力の不足」も疑ってみることをおすすめします。

✝情報収集スキル

ビジネスパーソンの時間の多くは、「何かを調べる」という情報収集に費やされることが多いと思います。なぜなら、どのような仕事も「まずは現状を正確に把握する」ことから始まるからです。

しかし、情報収集の目的は、情報収集ではありません。

一般に情報収集は「情報収集」→「情報の整理」→「情報の解釈」→「物事の判断」という筋道をたどります。

つまり、「情報収集」は「判断」の役に立ってはじめて価値を持つのです。

真面目で几帳面な人であればあるほど「情報を完璧に集めること」が目的になってしまい、「情報収集は判断に役立てるためにある」という本来の目的を忘れてしまいがちです。その結果、情報収集に多くの時間を使った挙句、「分析や資料収集の時間が足りなくなる」という事態に陥りやすいのです。

ビジネス書を通して「情報収集力」を身につけることができれば、限られた時間の中で、「判断に役立つ必要最小限の情報は何か？」を見極めたうえで、優先順位の高い情報から順番に集めていくことができるようになるはずです。

✝分析スキル

インターネットが広く世の中に浸透することで、情報やデータは黙っていても手に入る時代になりました。一説によれば、世界に流通するデータの量は、世界に存在する砂粒の数よりも多いそうです。

一方で、情報やデータが膨大になればなるほど、それらの取り扱いは難しくなり、「適切な分析視点を持つ」ことの重要性は日増しに高まっています。

しかし、一口に「分析」といっても、「何をどうすることなのか？」が理解できていなければ、膨大な情報やデータを前に立ちすくんでしまうことでしょう。

分析とは、「複雑な物事を一つひとつの要素や成分に分け、その構成などを明らかにすること」です。

だとすれば、優れた分析を行うには「全体」を漠然ととらえるのではなく、「個々の情報やデータを吟味し」、さらに「それぞれの関係性がどうなっているのか？」まで深掘りしていく必要があります。

分析作業を進めていくと「分析すること」自体が目的となってしまいがちになるのは、分析作業の「あるある」です。

しかし、ビジネス書を通して「正しい思考過程」「正しい論理」「正しい分析手順」を理解できれば、意思決定やアクションに結びつく「優れた分析」を行えるようになるはずです。

✝資料作成スキル

資料のつくり方1つでビジネスの成果は変わってしまいます。

なぜなら、「提案する」「報告する」「交渉する」といったビジネスのやり取りは、資料や書類を通して行われることが多いからです。

どんなに素晴らしい企画も、その良さが周囲に伝わらなければ、「企画倒れ」で終わってしまいます。逆を言えば、「企画を立案する」だけで終わるのではなく、「企画の良さを周囲に理解してもらう」までが企画立案のプロセスといえるのです。

だとすれば、「企画の良さを周囲に理解してもらう」ための「資料作成スキル」が重要であることは、自明の理でしょう。

ビジネス書を通して「目的を実現するために、どのように資料を作成していくか?」という資料作成スキルを身につけることができれば、「人を動かす資料」「プロジェクトを前へ進める資料」をつくることができるようになるはずです。

✝コミュニケーションスキル

仕事の悩みの9割は、人間関係によるものといわれます。

ビジネスとは、煎じ詰めれば「人と人との営み」ですから、立場の異なる相手とうまくコミュニケーションを取ることは、自身の評価はもちろん、時にビジネスの成果も左右してしまうでしょう。

「コミュニケーション力」とは、互いの共通認識をつくり、信頼関係を築く力のことを指します。

ここで誤解してほしくないのは、「コミュニケーション力」と「情報伝達力」は異なる点です。情報伝達力は、「情報を正確に伝えること」に力点が置かれますが、コミュニケーション力は「相手との関係づくり」に力点が置かれます。

つまり、コミュニケーションにおいて重要なのは、「自分が伝えたい内容が伝わったか？」ではなく、「相手が聞きたい内容が伝わったか？」であり、その本質は「伝える能力」ではなく、「相手に対する想像力」です。

ビジネス書を通してコミュニケーション能力を高めることができれば、あなたは「相手を取り巻く背景」に想いを馳せることができるようになります。すると、相手との間で正確な意思の疎通ができるようになるので、仕事の生産性は劇的に高まるはずです。

また、相手に対してオープンな姿勢で接することができるようになるので、たとえ自分とは違う意見でも、そこからさまざまな学びを得ることができるようになるでしょう。

「自分と違う意見がある」ということは、「自分が知りえなかった視点や法則が目の前にある」ことと同じです。常にオープンな態度を持てるようになれば、「自分の内側の世界」にはなかった新しい視点を獲得し、自分自身の世界を広げることができるようになるはずです。

✝プレゼンテーションスキル

どんなに素晴らしい提案も、伝え方が悪くてはその価値を正しく評価してもらえません。

プレゼンテーションスキルは、顧客や社内の人たちに提案の価値を伝え、彼ら彼女らを動かしていくうえで非常に重要なスキルです。

しかし、プレゼンテーションの目的を「上手に伝えること」と考えてしまい、必死で「わからせよう」としてはいないでしょうか。あるいは、「正しいこと」を伝えれば、相手はわかってもらえると信じて、相手を説得しようと考えてはいないでしょうか。

プレゼンテーションの目的は、聞き手に話の内容を理解してもらったうえで、実際に行動してもらうことです。ところが、人は「正しく理解しただけ」では行動してくれないことがあります。

ビジネス書を通してプレゼンテーションスキルを身につけることができれば、あなたは「納得をつくる」プレゼンテーションだけでなく、「期待をつくる」プレゼンテーションもできるようになります。そうすれば、自分の提案の価値を正しく評価してもらえるようになり、次の行動につながりやすくなるはずです。

プロフェッショナルスキル　ビジネススキルマップのサードレイヤー

ビジネススキルマップのサードレイヤーである「プロフェッショナルスキル」とは、「より高いレベルで物事を考える力」や「周囲を巻き込んで物事を進める力」を指します。

セカンドレイヤーである「実務スキル」との違いは、考えるべきことがより高度で多面的になり、かつ、多くの人たちを巻き込む必要がある点です。

その意味で、「思考力」と「実務スキル」を掛け合わせた「総合芸術的なスキル」といってもいいでしょう。

プロフェッショナルスキルを身につけることができれば、自分1人の努力を越えて、チームを率いながら高い成果を目指すことができるようになります。

✝戦略策定スキル

どのような企業にも、使える経営資源には限りがあり、その中で成果を挙げなければなりません。そこで必要になるのが「戦略」です。

戦略とは、「より高い成果を生むには、何に経営資源を集中させればいいのか？」の答えであり、別の言い方をすれば「勝つための方針」ともいえます。どのようなビジネスも、まずは「戦略」がビジネスの方向性を決め、「戦術」がその方向に加速させる役割を担います。

つまり、どんなに「戦術」が素晴らしかったとしても、「戦略」が間違っていれば、「間違った方向にビジネスを加速させている」のですから、その成果は乏しいものになってしまうでしょう。

ビジネス書をきっかけに「戦略策定スキル」を身につけることができれば、外部環境の変化や競合企業の動向、自社の強みなどを総合的に勘案しながら、「勝つための方針」をつくれるようになるはずです。

✝問題解決スキル

「問題」と聞いて、いったい何を想像するでしょうか？

実は、ビジネスの世界でいう「問題」とは、大きく分けて3つあります。

1つ目は、すでに発生してしまっている「発生型の問題」です。

たとえば、競合商品の大胆な値引きにより、自社商品の売上が落ちはじめた、などは「発生型の問題」の典型です。すでに異常な兆候が見えているため、問題の発見は簡単でしょう。

2つ目は、今後発生しうるであろう「潜在型の問題」です。

たとえば、数年後に見込まれる確実な環境変化に対して、自社の対応力不足が見込まれる場合などが「潜在型の問題」の典型例でしょう。

3つ目は、高い理想に近づけるために自らが設定した「設定型の問題」です。

たとえば、自社が掲げるビジョンを実現するうえで、「何が足りないか」を設定する場合などが「設定型の問題」といえるでしょう。

このように考えると、ビジネスは問題解決の連続だといっても過言ではありません。

ビジネス書を通して問題解決スキルを身につけることができれば、「発生型の問題」や「潜在型の問題」だけでなく、「設定型の問題」も解決していくことで、周囲をより理想の状態に導いていくことができるようになるはずです。

✝ファシリテーションスキル

近年では、過去の前例にとらわれないイノベーションを生み出すために、部門横断型プロジェクトやワークショップによる、創造的な問題解決のニーズが増加傾向にあります。

創造的な問題解決には、「創造的な問い」を投げかけるファシリテーションスキルが必要不可欠です。なぜなら、「創造的」とは、一人ひとりが持つ先入観や固定観念を覆すことであって、そのためには「固定観念を揺さぶる問いかけ」が必要だからです。

ビジネス書を通してファシリテーションスキルを身につけることができれば「創造的な問題解決」はもちろん、「部門間の合意形成」「参加型学習」「組織変革」など、さまざまな局面であなたを助けてくれることになるはずです。

✝プロジェクトマネジメントスキル

現在では、多くの企業で「定常業務」だけの仕事は限界を迎えています。

なぜなら、市場の成熟化が進み、世の中の変化が激しくなった結果、「どの部門にも属さない問題の解決」や、「部門を横断して新たな価値を生み出すチャレンジ」が必要になってきたからです。

そこで重要性を増しているのが、部門横断で取り組む「プロジェクトワーク」であり、プロジェクトをスムースに進めるための「プロジェクトマネジメントスキル」です。

定常業務では、「反復業務による安定した成果」が求められます。一方で、プロジェクトワークでは、「これまでのやり方では得られない独自の成果」が求められるのが大きな違いといえるでしょう。

「これまでのやり方では得られない独自の成果」が求められるということは、「これまでにない」のですから、過去に誰もやったことがなく、「先々、何が起こりえるのか？」を事前に見通すことが難しいことを意味します。いわば、「先々の具体的な見通しが曖昧なままプロジェクトを進めるスキル」が必要になるのです。

ビジネス書を通してプロジェクトマネジメントスキルを身につけることができれば、常にプロジェクトの先を読み、多様なメンバーの足並みを揃え、プロジェクトを適切に前に進めて行く力を手に入れることができるはずです。

✝リーダーシップ

あなたに「役職」や「肩書」があるとして、それが取り除かれたとき、それでもあなたに付いてきてくれる人たちは、どれだけいるでしょうか？

「マネジメント」は「職務的な地位に基づく働きかけ」ですが、「リーダーシップ」は「人としての働きかけ」であって、「地位・権限以外の何か」で人を動かしたいなら、リーダーシップを身につけることは必要不可欠といえるでしょう。

ここで誤解してほしくないのは、リーダーシップとはリーダーや管理職だけに求められるものではなく、チームメンバー一人ひとりに求められる点です。

たとえどのような立場にいても、どのような局面であっても、周囲を支援し現状をよりよい方向へ変えていこうとするリーダーシップは、一人ひとりに必要です。

しかし、リーダーシップは時代を越え、ビジネス・政治・教育・軍事など、さまざまな分野で研究されているものの、今なお「これだ！」という決め手が確立していない状況です。

書店を覗けばさまざまな「リーダーシップ関連本」があふれていますが、これも裏を返せば、「リーダーシップを手に入れたいのに、決め手となる要素がない」という現実の裏返しでもあるのでしょう。

リーダーシップとは、極論すれば「人と人との関係性」です。それぞれ多様な個性が存在する以上、誰にも当てはまる絶対確実な「リーダーシップ」など存在しません。

しかし、ビジネス書を通して、リーダーシップに対するさまざまな「考え方」を理解しておけば、「自分の個性」「チームメンバーの個性」「現在置かれている状況」などを加味して、自分なりの「リーダーシップの在り方」を見いだすことができるようになるかもしれません。

専門スキル　ビジネススキルマップのフォースレイヤー

ビジネススキルマップの最後のレイヤーであるフォースレイヤーは「専門スキル」です。
ＭＢＡの分野を参考にすると、次のような専門スキルが挙げられるでしょう。

- ビジネスモデル
- 経営戦略
- 会計・財務
- 組織行動・人材マネジメント
- マーケティング
- ＩＴ・オペレーションズ

もちろんこれら以外にも、所属する企業や部門によって、磨くべき専門スキルは多岐に渡るでしょう。

ここでぜひ思い出してもらいたいのが、第一章で触れた「優秀な人は、何をやらせても優秀」という話です。

その正体は「応用力があるかどうか」であり、「応用力」とは「すでに得た知識を使って、別の物事に対応する力」だとお伝えしました。

「専門スキル」は、ただそれを身につけるだけでは、「単なる物知り」「頭でっかち」「生き字引」で終わってしまいがちです。

誤解を恐れずに言えば、「専門スキル」は「思考力」「実務スキル」「プロフェッショナルスキル」を身につけたうえでの上澄みのスキルに過ぎません。

逆を言えば、もし「思考力」「実務スキル」「プロフェッショナルスキル」を身につけたうえで、その「応用先」として専門スキルを身につけていけば、「単なる物知り」を越えた、「その分野のプロフェッショナル」に成長していくことが可能になるでしょう。

あとがき

成長に地頭なんて関係ない

筆者はこれまで、広告代理店と外資系のコンサルティングファームでキャリアを積んできました。この両者に共通しているのは、決まった「売り物」が存在しないビジネスである点です。

そうである以上、常に「思考力」を総動員して発想や論理を導き出し、常に高い価値を提供し続けなければ報酬を得ることができません。

つまり、一人ひとりが「なるべく早く」「なるべく高いレベルで」思考力を高めることが生命線となる仕事なのです。

このような話をしてしまうと、「広告代理店の人なんだから、そもそも発想が豊かなんでしょ？」「コンサルティングファームにいたんだから、そもそも地頭がいいんでしょ？」などと誤解されることが、よくあります。

しかし、実はそうではありません。

卒業した大学は、決して偏差値が高いとされる大学ではありません。新卒で入社した会社は、「社員20人の広告ベンチャー企業」といえば聞こえはいいものの、実態は「泥臭い中小企業」

でした。

さらに、転職した2社目の会社は、多額の負債を抱えて倒産の憂き目にあっています。その後、現在勤務している（株）朝日広告社に拾ってもらった後、外資系のコンサルティングファームに転職。そして「出戻り組」として、再び（株）朝日広告社で働いています。

こうしてみると、これまでの職業人生は「順風満帆」というよりは「波乱万丈」に近く、「発想力豊かで」「地頭力がよく」「エリート街道まっしぐら」とは、まったく無縁といってもいいでしょう。

それでも、こうして何冊かのビジネス書を執筆させていただけるまでになったのは、ひとえに「10倍読書のおかげ」と断言できます。

広告代理店では、常に目新しいコンセプト（＝概念）が求められます。目新しいコンセプトを生み出すには「目新しい視点」を入れることが必要不可欠であり、「視点読書」は広告代理店のキャリアの中で培ってきた読書法です。

一方で、外資系コンサルティングファームでは、常に「精度の高い仮説」と「論理」が求められます。そのために役に立ったのが「法則読書」といえるでしょう。

特に豊かな発想力を持ち合わせているわけではなく、特に地頭力がよいわけでもない筆者でもここまでやってこれたのは、やはり「10倍読書のおかげ」といえるのです。

実は筆者のビジネス書の読み方は、「視点読書」「法則読書」だけではありません。

「視点読書」「法則読書」以外に、筆者が実践している読書法について、ここで簡単にお伝えしておきましょう。

批判読書

ビジネス書を受動的に読むのではなく、常に「本当か?」「他には?」と疑いながら読む読書法です。一般的には「クリティカル・リーディング」と呼ばれます。

著者の見解や主張に対して、常に疑い、反証しながら読むことで、自分なりのスタンスや見解を形づくり、育てていくことができます。

表現読書

ビジネス書の中から、著者なりの文章表現を抜き出して、メモしていく読書法です。

近年では、メールやチャットはもちろん、ブログやソーシャルメディアなど、「文章を書く」機会が増えています。筆者はブログを書いているので「表現読書」を実践することで文章表現力を磨くことができます。

価値観読書

人はそれぞれさまざまな価値観を持っていることは、あなたも実感しているはずです。「価値観の違い」は、時に多様な視点をもたらしてくれる反面、分断や争いの元にもなりえます。
人には「良い・悪い」「好き・嫌い」「信じる・信じない」などさまざまな価値基準があり
ますが、著者の「価値基準」に焦点を絞ってビジネス書を読んでいくのが、「価値観読書」です。
「価値観読書」をしていくと、このビジネス書の著者は、

- 何を「良い」とし、何を「悪い」としているのか。
- 何が「好き」で、何が「嫌い」なのか。
- 何を「信じて」、「信じていない」のか。

など、ビジネス書の行間にある著者の価値観を垣間見ることができます。
そこから学べるのは「多様性を理解し、多様性を受け入れる力」です。

最後になりましたが、本書を出版するにあたっては多くの方々に協力と支援を頂きました。
出版に際して多くの尽力をいただいた、株式会社朝日広告社の熊坂俊一上席執行役員、石井弘益本部長、横尾輝彦局長。執筆期間中にさまざまな励ましをくれた、株式会社朝日広告社ストラテジックプランニング部の佐々木氏、水溜弥希氏、桐山忠介氏、関口純平氏、村田理紗氏、西尾茅隼氏、チャン・ホアンアン氏、バチボコの平松幹也氏。

休日の時間を執筆に充てることに協力してくれた、妻・友香、長男・温就、長女・のどか、次女・つぼみ。

そして最も感謝しなければいけないのは、筆者にビジネス書を届けてくれる、すべての著者・出版社・取次・書店の皆様です。その他、ご尽力いただいたすべての方々に、この場を借りて厚くお礼を申し上げます。

なお、本書の内容はすべて筆者個人の見解であり、所属する組織を代表する意見ではないことを付け加えさせていただきます。

羽田　康祐　k_bird

2021年7月

参考文献

羽田康祐k_bird『無駄な仕事が全部消える超効率ハック』フォレスト出版
羽田康祐k_bird『問題解決力を高める「推論」の技術』フォレスト出版
泉本行志『3D思考』ディスカヴァー・トゥエンティワン
谷川祐基『賢さをつくる 頭はよくなる。よくなりたければ。』CCCメディアハウス
細谷功『具体と抽象』dZERO
細谷功『メタ思考トレーニング 発想力が飛躍的にアップする34問』PHP研究所
細谷功『アナロジー思考』東洋経済新報社
安澤武郎『ひとつ上の思考力』クロスメディア・パブリッシング
木村尚義『ずるい考え方 ゼロから始めるラテラルシンキング入門』あさ出版
安藤昭子『才能をひらく編集工学　世界の見方を変える10の思考法』ディスカヴァー・トゥエンティワン
苅谷剛彦『知的複眼思考法　誰でも持っている創造力のスイッチ』講談社
森博嗣『人間はいろいろな問題についてどう考えていけば良いのか』新潮社
安宅和人『イシューからはじめよ――知的生産のシンプルな本質』英治出版

内田和成『仮説思考——BCG流 問題発見・解決の発想法』東洋経済新報社
波頭亮『思考・論理・分析——「正しく考え、正しく分かること」の理論と実践』産能大出版部
後正武『意思決定のための分析の技術』ダイヤモンド社
三谷宏治『一瞬で大切なことを伝える技術』かんき出版
本田直之『レバレッジ・リーディング』東洋経済新報社
メンタリストDaiGo『知識を操る超読書術』かんき出版
樺沢紫苑『読んだら忘れない読書術』サンマーク出版
山口周『外資系コンサルが教える　読書を仕事につなげる技術』KADOKAWA
金川顕教『「本の読み方」で人生が思い通りになる読書革命』総合法令出版
藤井孝一『読書は「アウトプット」が99%』三笠書房
西岡壱誠『「読む力」と「地頭力」がいっきに身につく　東大読書』東洋経済新報社
アバタロー『自己肯定感を上げるOUTPUT読書術』クロスメディア・パブリッシング

羽田康祐（はだこうすけ）　k_bird

株式会社朝日広告社ストラテジックプランニング部プランニングディレクター。産業能率大学院経営情報学研究科修了（MBA）。日本マーケティング協会マーケティングマスターコース修了。外資系コンサルティングファームなどを経て現職。「外資系コンサルティングファームで培ったロジック」と「広告代理店で培った発想力」のハイブリッド思考を武器に、メーカー・金融・小売り等、幅広い業種のクライアントを支援。本書では、以上のようなキャリアを築く土台となり、長年培ってきた、他に類を見ない独自の読書術を解説している。その一端は、マーケティングやブランディング、ビジネス思考をテーマにしたブログ「Mission Driven Brand」にも見て取れる。ハンドルネームはk_bird。

著書にロングセラー『問題解決力を高める「推論」の技術』『無駄な仕事が全部消える超効率ハック』（いずれもフォレスト出版）がある。ロジカルで、再現性のある内容にこだわる姿勢が評価されている。

「Mission Driven Brand」　https://www.missiondrivenbrand.jp/

インプット・アウトプットが10倍になる
読書の方程式

2021年8月12日　初版発行

著　者　羽田康祐　k_bird
発行者　太田　宏
発行所　フォレスト出版株式会社
〒162-0824
東京都新宿区揚場町2-18 白宝ビル5F
電　話　03-5229-5750（営業）
　　　　03-5229-5757（編集）
URL　http://www.forestpub.co.jp

印刷・製本　萩原印刷株式会社

ISBN978-4-86680-139-1　Printed in Japan

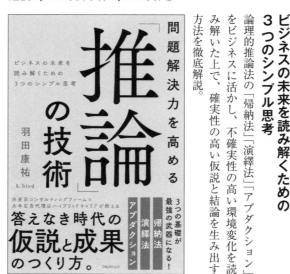

インプット・アウトプットが
10倍になる
読書の方程式

購入者限定

本書の本文を音声化（音声合成ソフトで作成）した

オーディオブック

を無料プレゼント

ストリーミング専用

- ●スマホやパソコンで、「聞くだけ」で本書を読める！
- ●「積読」解消！ 1倍、1.5倍、2倍、3倍速で速読・速聴もできる！
- ●文字を目で、音を耳でじっくり読める！

オーディオブックを入手するにはこちらへアクセスしてください。

http://frstp.jp/10dokusyo

＊オーディオブックのご提供は予告なく終了となる場合がございます。
＊オーディオブックはストリーミング専用であり、音声ファイルをダウンロードすることはできません。
上記、あらかじめご了承ください。